AI와 직장인 글쓰기

인공지능총서

인공지능 시대입니다. 기계가 인간의 인지를 대신하고, 사물이 인간을 통하지 않고 다른 사물과 직접 커뮤니케이션합니다. 이에 따른 인간 삶과 문명 변화를 정확히 이해·예측·대응하는 것은 이 시대 우리 모두의 과제입니다. 인공지능총서는 인공지능 기술과 환경의 여러 주제를 10가지 키워드로 정리합니다. 관련 개념과 이론, 학계와 산업계의 쟁점, 우리 일상의 변화를 다룹니다. 인간과 기술의 현재, 미래를 세심히 분석합니다.

일러두기

- 인명, 작품명, 저서명, 개념어 등은 한글과 함께 괄호 안에 해당 국가의 원어를 병기했습니다.
- 외래어 표기는 현행 어문규정의 외래어표기법을 따랐습니다.

처음이세요?

전문가세요?

AI와 직장인 글쓰기

전안나

대한민국, 서울, 커뮤니케이션북스, 2025

AI와 직장인 글쓰기

지은이 전안나
펴낸이 박영률

초판 1쇄 펴낸날 2025년 10월 13일

커뮤니케이션북스(주)
출판 등록 2007년 8월 17일 제313-2007-000166호
02880 서울시 성북구 성북로 5-11
전화(02) 7474 001, 팩스(02) 736 5047
commbooks@commbooks.com
www.commbooks.com

ISBN 979-11-430-1348-4 03500

책값은 뒤표지에 표시되어 있습니다.

차례

직장인 업무의 70%는 글쓰기

직장인에게 업무용 글쓰기는 중요하고 많은 시간을 차지한다. 직장인들은 채용부터, 업무 평가, 실적 등 모든 것을 글쓰기로 평가받고 있다. 채용 과정의 첫 단계는 서류 심사다. 먼저 이력서와 자기소개서를 잘 써야 채용된다. 채용 이후에도 업무용 의사소통의 70%는 글쓰기이고, 업무 수행 과정과 결과, 업무 평가도 글쓰기로 진행된다. 업무 현장에서는 소통과 결정을 말로 했더라도 글로 확정되기 때문에, 입사부터 퇴사까지 모든 과정은 글로 남게 되고 직장인들은 글쓰기의 중요성을 입사 전보다 더 크게 느끼게 된다. 경력 관리에서도 글쓰기는 중요하다. 여러 연구에서 글쓰기 기술이 좋은 사람일수록 그렇지 못한 사람에 비해 인기 직종에 종사하거나 더 빨리 승진하고 리더의 자리에 오를 가능성이 더 높았다.

그런데 직장인들은 업무용 글쓰기를 어떻게 생각하고 있을까? 2021년 구인구직 플랫폼 '사람인'에서 직장인 1227명을 대상으로 진행한 보고서 스트레스 설문조사 결과에서 응답자의 65.4%가 보고서 작성으로 스트레스를 받는다고 했으며, 평균적으로 업무 시간의 3분의 1을 보고서 작성에 할애하고 있다고 응답했다. 보고서를 작성하는 능력이 '개인 역량 평가에 중요한 역할을 한다'는 응답은 53.4%로 절반이 넘었다. 역량 평가에 보고서가 중요하다고 생각하는 이유는 '보고서를 잘 쓰면 업무도 잘 한다는 인상을 줘서'가 52.4% 가장 많았고, 다음으로 '기업 내 커뮤니케이션 역할이기 때문에'가 50.8%로 2순위, '보고서 없이는 서로 업무 파악이 어렵기 때문에'가 33.4% 등의 순이었다.

직장인들은 업무용 글쓰기를 하느라 많은 시간을 근무하고, 상사에게 반려받은 글을 고치느라 야근을 하고, 소진이 오고 스트레스를 많이 받고 있다. 이러한 글쓰기 어려움은 업무 효율 저하로 이어진다. 한 글로벌 컨설팅사의 분석에 따르면, 불명확한 문서 작성으로 인해 조직 내 정보 전달이 지연되거나 오해가 발생하는 경우, 평균적으로 프로젝트 일정이 7~12%가량 지연되는 것으로 나타났다. 이는 단순히 개인의 역량 문제를 넘어, 기업의 생산성과 경쟁력에도 부정적인 영향을 미친다. 이처럼 업무용 글쓰기는 단순한 문서 작성이 아니라 의사 결정, 보고 체계, 대내외 커뮤니케이션의 핵심 수단이므로, 완성도와 전달력이 성과 평가와 직결된다.

직장인과 생성형 AI의 등장

필자도 총무팀 신입 직원부터 부장까지 직장인으로 19년간 일을 하면서 신입 직원일 때는 업무용 글쓰기 용어, 양식, 상사의 반려 때문에 업무보다 글쓰기가 더 힘들었다. 고객을 직접 만나는 시간보다 보고서, 기획서, 이메일 등 문서를 작성하는 시간이 더 많을 때도 있었다. 점차 대리, 주임, 팀장, 과장, 부장으로 승진을 하면서 이전에 많이 작성해 본 기안, 공문, 보도자료, 회의록, 출장보고서 등은 쉽게 작성하게 되었지만 새로운 복병이 나타났다. 직급이 올라가니 이전에 작성하지 않았던 프로젝트 기획서, 경영 보고서, 내외부 감사보고서, 대외 계약서 등 새로운 업무용 글쓰기를 하게 되어 경력이 많아도 여전히 글쓰기는 어렵고 힘들었다. 업무용 글쓰기는 숙련과 시간이 필요한 작업이다 보니, 많은 직장인들은 업무의 상당 시간을 글쓰기에 할애하고 많은 스트레스를 받으며 일을 하고 있다.

그러나 최근 챗GPT, 제미나이, 빙 코파일럿 등 생성형 AI의 등장은 이러한 부담을 덜 수 있게 해 줬다. AI, 인공지능은 어느 날 갑자기 등장한 단어가 아니다. 1956년 컴퓨터 과학자 존 매카시가 제안한 단어로 우리 같은 일반인은 잘 인식을 못 하다가 2016년 알파고와 이세돌의 바둑 대결로 크게 놀란 후 다시 잊히고 있었는데, 2022년 11월 30일 챗GPT와 함께 다시 등장한 것이다. AI 중에서도 텍스트, 이미지, 영상들을 만들어 낼 수 있는 AI를 생성형 AI라고 부르는데 이제 생성형 AI는 특정 산업 분야나 특정 직무에서만 사용되는 것이 아니라 연구, 제조업, 의료, 금융, 물류, 비영리, 정부 부처까지 다양한 영역에서 사용되고 있다.

2025년 8월 한국은행「AI의 빠른 확산과 생산성 효과」 보고서에 따르면 업무 목적으로 생성형 AI를 사용한 경우는 우리나라가 51.8%로 미국 26.5%의 약 두 배 가량 많다. 업무 현장에서 생성형 AI 사용률이 올라가는 것은 글쓰기 강의 현장에서도 체감할 수 있다. 실제 필자가 직장인 대상 AI 글쓰기 강의를 할 때 챗GPT 등장 첫 해인 2022년 12월에는 10명 중에 1명 정도만 사용해 봤다고 했지만, 2023년 2차 연도에는 신입 직원은 거의 사용했고 리더급은 사용하지 않는 모습을 보였다. 2024년 3차 연도에는 10명중 7~8명 수준에서, 2025년 하반기로 가니 10명 중에 9명 정도가 사용했다고 응답했다. 이렇게 업무 현장에서 생성형 AI 사용률은 올라갔지만, 실제 업무에 도움이 되는지 효과성에 대한 질문에서는 다양한 응답을 보인다.

G2에서 사이버 보안을 담당하는 순다리야 자야라만의 2024년 3월 「직장에서의 생산적 AI의 현황」 조사 자료에 따르면 근로자의 75%가 관련 업무에 생성형 AI 도구를 사용하고 있는데, 사용자의 98%는 챗GPT를 사용하고 있었다. 생성형 AI 도구의 가장 인기 있는 사용 사례는 텍스트 생성, 즉 글쓰기로 기사, 보고서, 이메일, 제품 설명, 챗봇 스크립트 작성 등에 전문가의 87%가 이 기술을 사용하고 있다. 응답자의 70.4%가 업무에 생성적 AI 도구를 도입함으로써 얻은 두드러진 이점으로 시간 절약을 꼽았다. 절반 이상이 넘는 51.5%의 참여자는 AI 덕분에 생산성이 높아졌다고 답했고, 49%는 업무 품질에 긍정적인 영향을 미쳤다고 답했다.

또 Microsoft의 「업무동향지표 2024」 보고서에 따르면, 지식 노동자의 75%가 AI를 사용하고 있는데 그중 90%는 시간 절약, 85%는 핵심 업무 집중, 84%는 창의성 향상 효과를 경험했다고 응답했다고 한다. 위와 같이 직장인 업무용 글쓰기에서 생성형 AI 사용은 이미 대세이고, 업무 생산성이 증가한다는 보고서는 지금도 계속 발행되고 있다.

직장인의 생성형 AI 글쓰기 활용 편차

생성형 AI는 사용자가 질문이나 요청을 입력하면 이에 맞는 글을 빠르게 작성해 준다. 이러한 특징 덕분에 직장인들은 "이제 나의 글쓰기를 AI가 대신해 줄 수 있다"는 기대감을 갖게 되었다. 하지만 업무 글쓰기와 생성형 AI의 특성을 제대로 이해하지 못한 채 사용하는 경우, 활용도에서 큰 편차가 발생한다.

2025년 8월 한국은행 「AI의 빠른 확산과 생산성 효과」 보고서에 따르면 업무 시간 단축 여부에 대해 45.9%는 업무 시간이 단축되었다고 응답했고, 50.9%는 업무 시간이 동일하다고 응답, 3.2%는 오히려 업무가 늘었다고 응답했다. 업무 시간 단축에 대한 차이는 업무 특성의 차이와 생성형 AI 활용 능력 차이 때문이다. 어떤 직장인은 프롬프트를 구체적으로 작성하여 완성도 높은 결과물을 얻고 실제로 업무에서 글쓰기 부담과 스트레스가 줄었다고 표현한다. 업무에 적극적으로 활용해서 전담 부서를 만들어서 활용하고, 직원들의 활용을 높이기 위해 경진 대회나 AI를 반영한 사업을 기획하기도 한다. 특히 예비 직장인인 대학생이나 신입 · 주니어 직장인들은 AI를 적극적으로 활용하는 모습을 보인다. 어느 기업에서는 신입 직원과 대리급은 100% 사용하고 있지만, 중간 관리자는 50% 정도 사용률을 보이고, 부장급 이상은 안 쓰거나 모른다는 대답을 할 정도로 차이가 많이 났다. 그러나 이 과정에서 문제도 발생한다.

업무 이해도와 문서 작성 목적에 대한 이해도가 낮은 신입 사원이 AI로 작성한 사업 계획서를 검토 없이 그대로 제출했다가 리더에게 질책을 받는 경우가 있다. 왜 생성형 AI는 결재가 통과되는 수준의 글쓰기를 해주지 못하는 것일까? 의문을 갖고 AI 사용을 몇 차례 시도했지만 기대에 미치지 못해 사용을 중단하는 경우가 많다. AI가 제공하는 결과가 만족스럽지 않거나 상사에게 반려되는 경험을 반복하면서, 단순 교정 · 오탈자 확인용으로만 AI를 제한적으로 활용하기도 한다. 또 신입 직원들이 주로 하는 단순 반복 업무에는 AI 사용이 효과적이지만, 이전에 없었던 신규 프로젝트나 기관의 기밀과 관련된 업무를 많이 하는 경력 직원의 업무에는 크게 도움이 되지 않는다고 말한다.

관리자 입장에서 어려움도 있다. 직원이 생성형 AI가 작성한 글을 그대로 제출해 회사 고유의 문서 형식 · 톤과 맞지 않는 경우, 실현 가능성을 고려하지 않은 계획서를 제출하고, 작성자가 내용 파악이 충분하지 않은 채 제출해서 문서의 세부 질문에는 답하지 못하는 경우, 단순히 AI 출력물을 그대로 제출해서 상사로 하여금 "이럴 거면 내가 챗GPT를 시키지, 직원이 과연 필요한가?"라는 의문을 불러일으키는 경우가 있다.

기업 차원에서도 입장이 다양하다. 초기부터 AI 활용을 적극 독려하는 기관이 있는 반면, 생성형 AI에 내부 데이터를 입력하는데 드는 제반 비용과 답변의 불명확성, 보안 이슈로 초반에는 아예 사용을 못 하게 차단하는 기관도 있다. 기업의 회의록이나 문서가 AI 학습에 사용되지 못 하도록 제한하는 것이다. 그런데 이미 생성형 AI의 맛을 봐 버린 직장인 중에서는 업무용 노트북에서는 사용하지 않지만, 스마트폰에 앱을 설치하여 유료로 몰래 사용하기도 했다. 최근에는 생성형 AI의 효율성을 알게 된 기업에서 아예 조직 내부용 생성형 AI 시스템을 개발하거나, 직원들에게 유료 구독을 지원하는 기업도 늘고 있다. 그러나 동시에 개인별 · 부서별 결제 방식, 비용 부담, 수많은 AI 도구 중 무엇을 선택할지 등 실무적 고민도 크다. 공공 기관의 경우도 업무 특성에 따라 다른 방식을 도입하고 있다. 국방부와 같은 보안 민감 부서는 사용을 엄격히 금지하지만, 일부 공공 기관은 공식 예산으로 생성형 AI 유료 결제를 지원하고 있다.

생성형 AI에 대한 3가지 오해

기대감: 내가 하는 모든 글쓰기를 대신해 주지 않을까?

생성형 AI에게 업무용 글쓰기를 시켜보면 에세이, 소설, 시뿐만 아니라 이메일, 문자, 보도자료, 뉴스 레터, 사회자 카드 등을 너무 그럴싸하게 잘 적어준다. 그래서 내가 하는 모든 글쓰기를 대신해 주지 않을까 하는 기대감을 갖게 된다. 그런데 우리가 작성하는 기본적인 기안서, 공문, 사업 계획서, 신규 기획서를 써 주기는 하지만, 한 번에 결재받도록 완벽하게 써 주지 못한다. 우리 기관 양식에 맞게 써 주지 못하고, 우리 팀장님이 좋아하는 형식과 다르게 작성해 줘서 실망감을 갖게 된다. 생성형 AI는 내가 하는 모든 글쓰기를 대신해 주지 못하고, 나의 업무를 도와주는 보조 도구라는 것을 몇 번 써 보고 나면 알게 된다.

실망감: 막상 써보니 별로인데?

위 한국은행 보고서에서 경력이 짧은 근로자일수록 생성형 AI가 업무 시간 단축에 더 효과적이라고 응답을 했다. 실제 글쓰기 강의 현장에서 수강생들의 의견을 들어보면, 신입 직원일수록 AI가 써 준 글쓰기가 더 유용하게 느껴지고, 경력 직원일수록 AI가 써 준 글에서 실망을 한다. 이유는 무엇일까? 생성형 AI는 에세이식 글쓰기를 잘한다. 서론-본론-결론에 따라 논리적으로 잘 써 준다. 하지만 우리 직장인들의 글쓰기는 비문학 글쓰기로, 서론-본론-결론이 아니라 각 문서별 작성법에 맞게 작성을 해야 한다. 어떤 글은 SWOT 분석으로, 어떤 글은 MECE(Mutually Exclusive Collectively Exhaustive, 상호 배제와 전체 포괄)로, 어떤 글은 5W3H로, 어떤 글은 3단 구성으로 작성해야 한다. 그런데 직장인이 이것을 인식하지 않고 AI에게 그냥 글쓰기를 시키면 AI가 써 준 글을 내가 고쳐야 하는 부분이 더 많아진다. 또 생성형 AI는 기존에 인터넷 등에서 여러 정보가 있는 글을 조합해서 정리해 주므로 아무리 방대한 양이어도 사람이 하는 것보다 더 빨리 보기 좋게 적어 주지만, 반대로 인터넷에 있는 정보를 기반으로 글쓰기를 하기 때문에 다른 사람과 차별화된 전문적인 글쓰기, 세상에 없는 새로운 기획서, 한 번에 결재받을 수 있는 글쓰기를 기대했다면 실망하게 된다.

걱정: 내 일자리 다 뺏는 거 아니야?

생성형 AI를 처음 사용하면 무척 신기하다. 너무 글쓰기를 잘하고 기특한 수준을 넘어서, 내가 하는 글쓰기는 물론 모든 업무까지 대신해 줄 것 같은 생각이 든다. 이러다가 내 일자리가 없어지는 것은 아닌지 염려가 생긴다. 생성형 AI는 우리의 일자리를 위협할까? 마이크로소프트가 2024년 7월 발표한 연구에 따르면, 통·번역, 역사 연구, 고객 서비스, 작문, 영업 등 지식 및 정보 중심 역할이 생성형 AI의 영향을 크게 받고 있으나, 반면 신체 작업이 중심이거나 전문 기술이 요구되는 직종인 의료 보조, 유해 물질 처리, 기계 조작 등은 상대적으로 영향이 적은 것으로 나타났다.

그런데 AI는 특정 분야가 아니라 모든 분야에서 영향을 끼치고, 각 분야마다 전문가와 아마추어에게 서로 다른 영향을 끼치고 있다. AI의 최전선을 달리는 IT 현장에서는 개발자 대량 해고가 일어나고 있다. 미국 컴퓨터 개발자 고용률은 2년간 27.5% 하락했고, 마이크로소프트에서도 해고되는 직원의 40%가 소프트웨어 개발자다. 왜 그럴까? 생성형 AI가 나오면서 초보 코딩 전문가들을 채용하지 않고, 단순한 코딩은 AI를 시켜서 대체한다. 하지만 AI를 개발할 수 있는 수준의 상위 0.1% 고급 인력은 오히려 몸값이 올라가고 있다. 영국 파이낸셜타임스는 AI 전문 엔지니어에 한해 2022년 대비 연봉이 50%

가량 급등했다고 보도했다. 하지만 변화에 적응을 하지 않아서 생성형 AI를 사용하지 못하는 경력 직원은 오히려 높은 인건비 요인으로 해고되고, AI 활용 교육을 받은 신입 직원을 채용한다는 소식도 들려오고 있다.

이지성 작가는『에이트』에서 앞으로 세상은 인공지능을 지배하는 사람과 인공지능에게 지배당하는 사람으로 나뉠 것이라고 말했다. 이와 비슷하게 생성형 AI가 사람을 대체하지는 못하지만, 생성형 AI를 쓰는 사람이 안 쓰는 사람을 대체할 수는 있다고 전문가들은 말한다. 즉, AI가 내 일자리를 뺏을 것인가 아닌가는, AI가 아니라 사용자의 전문성에 달려 있다. 앞으로 직업 세계에서 생성형 AI와 함께 일하는 방법을 배운 전문가는 더욱 전문가가 될 것이고, 업무 경력이 부족하거나 생성형 AI와 함께 일하는 방법을 못 배운 아마추어의 일자리는 줄어들 것이다. AI가 우리의 일자리를 뺏는 것이 아니라 생성형 AI를 잘 사용하는 사람이, 잘 못 사용하는 사람의 일자리를 뺏는다.

직장인 AI 글쓰기 핵심 키워드 10

업무 현장에서 생성형 AI는 기피할 필요도, 맹목적으로 의존할 필요도 없다. 컴퓨터나 스마트폰처럼 생산성을 높이는 도구로 적절히 활용하는 것이 바람직하다. AI는 유료인가 무료인가 혹은 어떤 AI 도구가 가장 훌륭한가보다는 사용자의 질문 방식과 사용자의 전문성에 따라 결과가 달라진다. 따라서 다양한 클라이언트의 요구를 이해하고, 글쓰기 경험이 많은 경력 직장인일수록 AI에게 업무 지시를 잘 내리고 AI가 써 준 초안 글도 잘 고친다.

그러나 생성형 AI는 어디까지나 보조 도구일 뿐, 사람의 사고와 최종 검토 과정을 완전히 대체하지는 못한다. 초안 작성부터 마지막 수정까지 인간의 손길은 여전히 필수적이다. 생성형 AI는 직장인의 글쓰기를 완벽히 대신할 수 없지만, 올바르게 활용한다면 분명 강력한 생산성 향상 도구가 될 수 있다. 직장인이 AI를 잘 사용하기 위해서 알아야 할 핵심 키워드 10가지를 살펴보자.

직장인 글쓰기의 특징

직장인 글쓰기는 비문학 글쓰기, 공문서 글쓰기, 내부 독자와 외부 독자를 대상으로 공개되는 업무용 글쓰기라는 특징이 있다. 업무용 글쓰기이기에 사실과 정보 중심으로, 내가 읽을 글이 아니라 내 글을 읽을 사람 맞춤으로, 전문 용어와 양식을 맞추어서, 결재를 받을 수 있도록 작성해야 한다. 이런 업무용 글쓰기를 작성할 때 직장인이 말하는 어려움과 AI의 도움을 받는 방법을 알아보자.

생성형 AI의 글쓰기 원리

생성형 AI의 글쓰기 원리는 무엇일까? 원리를 이해해야 내 업무에 도움 되는 비서로 AI를 사용하게 된다. 생성형 AI는 사전 학습한 내용을 바탕으로, 사용자 질문에 반응하여 가장 확률이 높은 답변을 자연어로 제공해 주는 인공지능이다. 생성형 AI의 글쓰기를 이해하기 위해서 프롬프트, 환각 현상, AI 리터러시 등 몇 가지 전문 용어를 알아보자.

생성형 AI로 글쓰기 도움 받기

생성형 AI는 이미 대세이고 업무 생산성에 도움이 된다. 직장인들은 업무용 글쓰기 전, 중, 후 단계별로 AI를 사용할 수 있다. AI는 글쓰기 전 단계에서 주제, 목차, 구성에 도움이 된다. 글쓰기 중에는 예시 글 제시, 글 초안 작성에 도움이 되고, 글쓰기 후에는 쓴 글의 맞춤법, 글 다듬기, 내가 쓴 글에 대한 비판과 제언 등 퇴고에 도움 받는 방법을 알아보자.

생성형 AI가 잘하는 글쓰기, 잘 못하는 글쓰기

AI가 우리의 모든 업무용 글쓰기를 대신해 줄까? 아니다. AI가 잘하는 글쓰기가 있고 못하는 글쓰기가 있다. 어떤 글은 손색이 없을 정도로 대체율이 높지만, 어떤 글은 내가 그냥 쓰는 게 나은 글도 있다. 신입 직원, 경력 직원, 경력직 별로 어떻게 AI를 업무용 글쓰기에 효과적으로 사용해야 할지 알아보자.

생성형 AI와 인간 작가의 협업

같은 AI 도구를 사용해도 사용자의 업무 지시 수준에 따라 AI의 결과물은 달라진다. AI에게 업무용 글쓰기를 잘 시키기 위해 해야 할 것과, 하지 말아야 할 것, AI가 쓴 글을 결재받을 수 있도록 수정하는 방법에 대해 알아보자.

생성형 AI 글쓰기와 저작권

AI는 인터넷에 있는 자료를 사전 학습했기에, 내가 의도하지 않았지만 광범위한 표절 가능성과 창작자의 권리 보호 이슈가 생기고 있다. 사용자 입장에서는 AI가 써 주는 글이나 그림을 마음껏 사용할 수 있어서 좋다고 생각할 수도 있지만, 반대로 내가 고민해서 입력한 프롬프트에 저작권을 주장할 수 있는지, AI로 작성하고 내가 수정한 글의 저작권을 보호받을 수 있는지 알아보자.

생성형 AI 한계와 사용 제한

생성형 AI는 사전 학습한 내용을 바탕으로, 사용자 질문에 반응하여, 가장 확률이 높은 답변을 자연어로 제공해주는 인공지능이라는 태생적 특징 때문에 생기는 몇 가지 한계가 있다. 이로 인해 사용 나이 제한, 공모전 제한, 음원 저작권 등록 제한, 대학교 과제 사용 제한 등이 있다. AI의 한계와 사용 제한 이유를 알아보자.

생성형 AI와 글쓰기 윤리

직장인이 AI를 사용할 때에는 소속 기관의 가이드라인을 준수해야 한다. 아직 가이드라인이 없는 직장인을 위해 행정안전부 가이드라인, 한국연구재단 권고 사항, 기업의 사용 제한 및 사용 금지를 알아보고, 내 업무에 적극 활용할 영역과 부분 활용할 영역, 사용하지 말아야 할 영역을 알아보자.

직장인 글쓰기에 유용한 생성형 AI 도구 10종

무료로 사용하는 생성형 AI 중심으로 직장인 글쓰기에 유용한 10종 도구로 가장 많이 사용하는 챗GPT, 성능이 가장 뛰어난 AI로 알려진 구글 제미나이, 할루시네이션 오류가 적은 AI인 퍼플렉시티, 한국어에 자연스러운 뤼튼, 직장인 업무용 발전 가능성이 가장 높은 빙코파일럿, 감성적인 글쓰기를 잘하는 클로드, 시각화 자료를 잘 만들어주는 캔바 AI, 메모를 바탕으로 협업에 편리한 노션 AI, 회의록 작성을 혁신적으로 도와주는 다글로, 논쟁적이고 풍자적인 답변을 해 주는 그록 등 10종 도구를 알아보자.

AI 시대, 직장인은 왜 여전히 글을 써야 하는가?

AI 시대, 우리는 어떻게 업무용 글쓰기를 해야 할까? 그리고 여전히 AI에게 맡기지 못하고 인간이 써야 하는 글이 남아 있다면 무엇일까? 함께 알아보자.

생성형 AI를 자신의 업무에 어떻게 활용하고 생산성을 높여 칼퇴근 할 수 있을지 고민해보자.

참고문헌

이지성(2019). 《에이트》. 차이정원.
전안나(2021). 《쉽게 배워 바로 쓰는 사회복지 글쓰기》. 인간과복지.
한국은행(2025). "AI의 빠른 확산과 생산성 효과". 《BOK

이슈노트》, 2025-22.
G2 순다리야 자야라만(2024). "직장에서의 생산적 AI의 현황".
https://learn.g2.com/state-of-generative-ai
Microsoft(2024). "업무동향지표 2024".
https://www.microsoft.com/en-us/worklab/work-trend-index/ai-at-work-is-here-now-comes-the-hard-part
Microsoft(2025). Working with AI: Measuring the Occupational Implications of Generative AI.
https://www.microsoft.com/en-us/research/publication/working-with-ai-measuring-the-occupational-implications-of-generative-ai/

01
직장인 글쓰기의 특징

직장인의 글쓰기는 일반 글쓰기와 다르다. 개인적 용도와 업무용 용도, 공문서와 사문서, 공개와 비공개 등 여러 면에서 차이가 있다. 직장인들이 글쓰기에서 가장 어려움을 겪는 6가지 이슈를 AI의 도움으로 해결할 수 있는 방법을 알아보자.

기후 위기와 인공지능?

직장인 글쓰기의 특징

업무용 글쓰기

글의 용도에 따른 종류를 살펴보면 사적인 글쓰기에 해당하는 개인적 글쓰기가 있고 비즈니스 목적을 가진 업무용 글쓰기가 있다. 개인적 글쓰기는 써도 되고 안 써도 되고, 주제와 분량과 형식을 내 마음대로 할 수 있는 자유 글쓰기다. 일기나 다이어리 작성, 개인 SNS 등을 말한다. 하지만 업무용 글쓰기는 쓸지 말지 선택권이 없는 비자발적 글쓰기다. 업무상 권한과 책임을 가진 사람이 업무 전 · 중 · 후 단계에서 내 글을 읽는 상사를 설득하고 의사소통을 돕고자 하는 목적으로 강제로 작성해야 한다. 시간은 항상 촉박하고, 갑자기 작성 지시가 내려온다. 직장인의 업무용 글쓰기는 사적인 문서가 아니기에, 업무에서 사용하는 특수한 전문 용어와 양식 등 형식을 갖추어서 상사의 결재를 받아야 한다. 결재가 난 후에는 문서의 결과에 책임을 져야 하는 어려운 글쓰기다.

비문학 글쓰기

글은 크게 문학과 비문학으로 구분한다. 문학 글쓰기는 소설 · 시 · 희곡 · 에세이처럼 사람에게 감정을 전달하고 감정을 이끌어내는 것을 목적으로 쓰는 글로 배우지 않아도 타고난 재능을 가진 사람들이 있다. 반면 비문학은 글쓴이의 강점이나 느낀 점이 아니라 객관적인 사실과 정보를 제공하는 것을 목적으로 쓰는 글이다. 대표적인 비문학은 신문 기사 · 칼럼 · 논문 · 보고서 · 업무용 글쓰기 등이 해당한다. 직장인들의 글쓰기는 비문학 글쓰기에 해당한다. 감동을 주는 것이 목적인 문학과 달리, 비문학은 사실을 정확히 전달하는 것을 목적으로 하기에 직장인에게 필요한 글쓰기 능력은 현란한 문장력이 아니라 사실을 정확히 전달하는 전달력이다. 어떻게 사실을 정확히 전달하고, 목적에 맞는 문서를 쓸 것인지 글쓰기 기술을 배운다면 누구나 업무용 글쓰기를 잘할 수 있다. 업무용 글쓰기는 재능이 없어도 누구나 쓸 수 있다.

공문서 글쓰기

글은 작성 주체에 따라 사문서와 공문서로 분류한다. 사문서는 개인이 사적인 목적을 위하여 작성한 문서로 일기나 메모처럼 혼자 작성하여 혼자 보는 글을 말한다. 반면 공문서는 공적인 목적을 위하여 직무상 권한 내에서 작성하는 문서로 공공 기관이나 단체에서 공식으로 작성한 서류를 말한다. 공문서는 정부 기관에서 공무를 위해 작성하는 문서를 의미하였다가 이제는 의미가 확대되어 일반 회사에서 공문 형식으로 글을 작성하고 업무용으로 사용하면 공문서라고 지칭한다. 공문서가 성립되기 위해서는 최소한 2가지 조건이 충족되어야 한다. 첫째는 직무상 정당한 권리를 가진 사람이 작성해야 한다는 점, 둘째로는 최종 결재권자의 결재가 있어야 한다는 점이다.

공개 글쓰기

우리가 작성하는 글에는 비공개 글이 있고, 공개 글이 있다. 여기서 말하는 비공개 글은 내가 작성해서 나 혼자만 보는 글을 말하고, 공개 글은 내가 작성하지만 다른 사람에게 보여지는 글을 의미한다. 직장인 업무용 글쓰기는 100% 공개되는 글쓰기다. 누구에게 공개될까? 대내 문서는 동료와 상사에게 공개된다. 대내 문서는 조직 내부에서 지시, 명령, 협조를 위해 오고가는 문서로 기안, 품의서, 휴가 기안, 내부 사업 계획서 등이 이에 해당한다. 대외 문서는 일반 국민, 타 기업, 행정 기관에 공개된다. 대표적인 대외 문서는 외부로 제출된 공문, 업무 회람, 공개용 사업 계획서, 카드 뉴스, SNS 홍보 글 등이 있다. 직장인의 업무용 글쓰기는 대내 문서와 대외 문서 모두 해당된다. 우리가 작성하는 모든 문서의 작성자는 나이지만, 읽는 독자는 내가 아니다. 따라서 작성자 마음대로 쓰면 안 되고, 내 글을 읽을 사람 맞춤으로 작성해야 한다.

업무용 글쓰기의 어려운 점과 AI 해결법

직장인 업무용 글쓰기에서 어떤 점이 어려울까? 필자가 직장인 대상 업무용 글쓰기 강의에서 많이 듣는 글쓰기 어려움 6가지를 중심으로 어려운 점과 AI를 활용한 해결 방법을 찾아보자.

6위, 양식이 정해져 있고 모든 분량을 채워야 한다

기업이나 기관에서는 보고서, 기획안, 제안서 등 공식 문서를 작성할 때 기관 자체 고유 양식이 있다. 업무 양식은 조직 내 통일성과 비교 가능성을 높이지만, 동시에 작성자에게 양식에 맞춰 써야 하고, 할 말이 없어도 분량을 억지로 채워야 하는 비효율성이 발생한다. 이때 AI의 도움을 받을 수 있는 부분은 빈칸을 아무 말 대잔치로 채우는 대신, AI에게 항목을 제시하거나 항목에 맞는 적절한 예시나 항목을 보완할 보조 설명을 물어보는 방법이 있다. "○○ 내용을 제목, 필요성, 목표, 일정, 예산, 기대

효과 순으로 적어 줘", "○○에 넣으면 좋을 예시를 알려 줘", "○○ 항목에 보충 설명을 적어서 다시 적어 줘", "지금 내용을 1000글자 분량으로 내용을 추가로 적어 줘" 등을 요청하면 텅 빈 빈칸을 빠르게 완성할 수 있다.

5위, 비주얼한 표현이 중요하다

업무용 문서는 단순히 텍스트 중심에서 벗어나 표, 그래프, 다이어그램, 인포그래픽 등 시각적 요소를 활용하는 방향으로 발전하고 있다. 이는 정보 전달을 직관적이고 설득력 있게 만들어주지만, 많은 직장인들은 어떤 데이터를 시각화해야 하는지, 어떤 도구로 표현해야 하는지, 독자가 이해하기 쉬운 디자인은 무엇인지에 대해 어려움을 느낀다. 이 어려움을 해결하기 위해 AI의 도움을 받을 수 있는 부분은 어떤 데이터를 어떻게 시각화하면 좋은지 물어보는 것이다. 표 · 그래프를 설명, 작성해야 할 때는 "○○을 마인드맵 형식으로 한글로 정리해 줘", "○○ 비즈니스 모델을 도식화해 줘", "○○ 진행 과정을 체크리스트로 그려 줘"로 요청하면, 시각 자료와 함께 읽는 문장을 쉽게 완성할 수 있다. 단, 글씨체, 글씨 크기, 주요 색상은 기관의 정해진 형식과 CI를 준수해서 직접 수정해야 한다.

4위, 생각을 논리적으로 글로 표현하기가 어렵다

직장인들은 아이디어나 의견은 머릿속에 떠올릴 수 있지만, 이를 논리적인 구조로 정리하여 문서화하는 과정에서 어려움을 겪는다. 특히 보고서, 기획안, 이메일 등은 내 글을 읽을 독자인 상사 · 고객 · 동료가 빠르게 핵심을 이해해야 하므로, 글이 체계적으로 구성되지 않으면 메시지가 왜곡되거나 설득력을 잃는다. 이로 인해 문서는 길지만 무엇을 말하려는지 알 수 없다는 피드백을 받게 된다. 이 어려움을 해결하기 위해 AI의 도움을 받을 수 있는 부분은 AI에게 주제만 제공하고, "○○ 아이디어를 바탕으로 논리적인 보고서 구조를 제안해 줘", 초안을 작성한 후 AI에게 "문단 간 연결이 자연스러운지 점검 및 수정해 줘" 등으로 요청을 하면 생각을 논리적으로 정리하는 데 도움이 된다.

3위, 자료를 조사하고 분석하는 것이 어렵다

직장인들이 보고서, 기획안, 제안서 등을 작성할 때 가장 큰 부담 중 하나는 방대한 자료를 신속하고 정확하게 수집하고, 이를 분석하여 핵심적인 인사이트를 도출하는 과정이다. 특히 신뢰할 수 있는 출처를 찾고, 다양한 데이터를 비교 · 종합하는 작업은 시간과 에너지를 많이 소모한다. 또한 단순히 자료를 나열하는 것이 아니라, 맥락에 맞게 해석하고 의사 결정에 필요한 근거로 전환하는 것이 요구되기에 난이도가 높다. 이 어려움을 해결하기 위해 AI의 도움을 받을 수 있는 부분은 "○○ 키워드 기반으로 관련 정보를 폭넓게 탐색하고, 개요를 정리해 줘", 내가 수집한 데이터를 넣고 "어떤 기준으로 분류하고 해석할 수 있을지 분석 틀을 제안해 줘", 복잡한 보고서나 논문 파일을 넣고 "내용을 요약하고, 서로 다른 자료 간의 차이점 · 공통점을 도출해 줘" 등으로 활용할 수 있다. 단, 인터넷이나 보고서에서 얻은 정보가 신뢰할 수 있는 것인지, 우리의 문제 해결에 직접적으로 관련된 정보가 맞는지는 사람이 꼭 판단해야 한다.

2위, 참고할 수 있는 완벽한 예문이 없다

직장인들이 업무용 글쓰기를 할 때 가장 답답해하는 지점 중 하나는 즉시 활용 가능한 완벽한 예문이 존재하지 않는다는 점이다. 보통 전임자의 서류나 팀장이 작성한 문서를 보고 따라하는데, 같은 보고서라도 작성 목적, 독자, 맥락이 다르기 때문에 다른 회사나 동료가 작성한 문서를 그대로 적용하기는 어렵다. 이때 AI의 도움을 받을 수 있는 부분은 맞춤형 예문 초안을 요청하는 것이다.

"신제품 출시 보고서의 기본 구성을 알려 줘", "내부 회의 보고서 작성 샘플을 적어 줘", "부서 회의 소집 이메일 예시 글을 적어 줘" 같은 형식이다. 단, 이 글의 독자가 상사인지 고객인지 외부 기관인지에 따라 예문이 달라지고, 나의 상사가 선호하는 글의 스타일이 아닐 수 있기 때문에 기존 문서를 그대로 복사하는 것이 아니라, 핵심 논리와 구성만 차용해 새로운 맥락에 맞게 재작성하여 제출해야 상사의 결재를 받는 문서가 될 수 있다.

1위, 가독성 좋은 문장 작성이 어렵다

만연체로 글을 쓰는 습관을 가진 사람이 많다. 그러나 업무용 글쓰기는 만연체가 아니라 간결체로 작성한다. A4 용지 10포인트 글씨 크기 기준으로 '주어부터 서술어와 마침표'로 구성된 문장이 1줄을 넘기지 않도록 작성한다. 단어 수로 말하자면, 문장 1개 안에 단어가 12개에서 15개 이상 들어가지 않도록 문장을 짧게 작성하고, 중복되거나 반복되는 어휘를 사용하지 않는다. 이때 AI의 도움을 받을 수 있는 부분은 내가 작성한 초안을 AI에 입력하여 "간결하고 명확한 문장으로 다시 써 줘", "○○ 단어 대신 사용할 단어를 몇 개 제안해 줘", "가독성 관점에서 개선점을 알려 줘" 등으로 활용하면 가독성 좋게 글을 재정리할 수 있다. 다만 AI가 작성한 글에 우리 기업에서, 우리 팀에서 특별히 강조하는 전문 용어가 있다면 넣어주자.

참고문헌

박혁종(2010). 《CEO를 감동시키는 문서 작성의 비밀》. 미래와경영.

송세진(2011). 《비즈니스 글쓰기 상식 사전》. 길벗.

신가영(2022). 《신입 때 알았더라면 좋았을 보고서 잘 쓰는 법》. 메가스터디북스.

전안나(2021). 《쉽게 배워 바로 쓰는 사회복지 글쓰기》. 인간과복지.

02
생성형 AI의 글쓰기 원리

생성형 AI를 잘 사용하기 위해서는 생성형 AI의 글쓰기 원리를 이해해야 한다. 생성형 AI는 사람과 자연스러운 대화를 나눌 수 있는 인공지능이다. 똑같은 생성형 AI를 사용해도 글쓰기 결과는 사용자가 어떻게 질문을 하느냐에 따라 크게 달라지기에 생성형 AI의 글쓰기 원리와 함께 프롬프트, 환각 현상, AI 리터러시 등 3가지 전문 용어를 알아보자.

노래하는 AI 보컬?

생성형 AI의 글쓰기 원리

사전 학습

챗GPT는 일반 대중에게 공개되기 전 3.7조의 비용을 투자해 3000억 개의 단어와 5조 개의 문서를 사전 학습했다. 처음 공개된 챗GPT-3.5는 2021년 9월까지 정보가 학습되어 있고, 챗GPT-5는 2024년 10월까지 학습이 되었다. 사전 학습을 했다는 것은 해당 기한 전까지 인터넷상의 수많은 정보를 학습했다는 말이지만 그 이후는 아직 학습을 못했고 실시간 학습이 아니라는 뜻이다. 실시간 학습이 아니라 사전 학습이기에 지금 실시간으로 인터넷에 올라오는 내용을 정확히 모른다. 이를 보완하기 위해 대부분 AI는 인터넷 검색과 연동하여 대답을 하도록 기능이 향상되었는데, 사전 학습 이후 자료에 대해서는 간혹 모르는 경우도 발생한다. 또 인터넷에 있는 자료를 지금도 계속 학습시키면서 업데이트하고 있으므로, 우리가 인터넷이나 생성형 AI에 입력하는 모든 정보는 AI 학습에 사용되고 있다.

사용자 질문에 반응

생성형 AI는 사전 학습한 내용을 바탕으로 사용자의 질문에 답변을 하는데 정확하게는 질문을 이해하고 답변하는 것이 아니라 '자동 반응'하는 것이다. 사용자 질문에 반응하기 때문에 어떤 상황에서 하는 질문인지와 어떤 형식으로 답변을 해야 하는지 알려주는 정보에 따라 답변이 달라진다. 사용자의 질문이 구체적이고 자세하면 답변도 구체적이고 자세하게 하지만, 정확하게 질문하지 않으면 답변도 정확하지 않다는 특징이 있다. 생성형 AI에게 물어보는 질문의 질에 따라 답변이 달라지기에, 질문을 잘 입력하는 사용자의 기술이 필요하다. 때문에 최근에는 단순히 AI를 활용하는 것뿐 아니라, 원하는 결과를 이끌어 내는 '프롬프트 기술'이 중요한 역량으로 주목받고 있다. 내가 알고 싶은 것이 무엇인지, 필요한 것이 무엇인지 내 생각을 조리 있게 입력하는 글쓰기가 중요하고, 또 좋은 질문을 만들어 낼 수 있는 작성자의 사고력과 기획력이 중요하다.

가장 확률이 높은 답변

챗GPT는 2017년 구글에서 만든 어텐션 모델을 기반으로 한다. 주어진 문장을 보고 다음 문장에 무엇이 올지 예측하는 시스템으로 정답이 입력되어 있는 것이 아니라 실시간으로 확률이 높은 단어를 한 단어씩 송출하는 구조다. 가장 확률이 높은 답변으로 대답한다는 점에서 나타나는 특성은 같은 사람이 같은 질문을 입력해도 매 회기 다른 답변을 하고, 반대로 서로 다른 사람이 같은 질문을 입력해도 매 회기 다른 답변을 한다. 사람으로 치면 "찍어서 대답을 한다. 빈칸 넣기로 대답한다"고 볼 수 있다. 확률로 대답하기 때문에 숫자나 역사 등 정확히 정답이 있는 질문에는 취약하다. 아주 간단한 곱셈이나 더하기 문제 혹은 정확히 답변을 해야 하는 역사 문제를 생성형 AI에 물어보면 바르게 답할 때도 있지만, 엉뚱한 대답을 하기도 한다. 반대로 확률로 답변을 해서 좋은 점은 여러 번 같은 질문을 하거나, 답변을 여러 번 요청하는 것이 다양한 답안을 획득하는 방법이 될 수 있다는 점이다. 따라서 생성형 AI를 사용할 때는 한 번만 질문을 하는 것이 아니라 여러 번 질문을 했을 때 다양한 답변을 구할 수 있고, 사용할 때마다 내 요구 사항을 구체적으로 넣을수록 더 향상된 답변을 도출할 수 있다.

자연어로 제공

자연어는 사람이 일상에서 말하는 표현을 말하는데 반대말은 기계어다. 예를 들어 사람에게 업무 지시를 할 때는 "엑셀 A열 1부터 10까지 합산하는 함수를 만들어"라고 말하면 된다. 하지만 기계어는 사람이 알아보기 어려운 0과 1의 이진 형태 명령어로 표현된 프로그래밍 언어다. 일반적으로 기계어는 이해하기 어렵고 직접 작성하기도 어렵기 때문에 고급 프로그래밍 언어인 C언어, C++, 자바스크립트 등 코딩 기술이 중요하다. 그런데 생성형 AI는 기계어가 아니라 사람이 쓰는 말로 기계와 대화를 하는 '자연어'로 처리된다. 이러한 기술은 우리가 코딩을 몰라도, 파이선이나 C++ 같은 기계어를 몰라도 인공지능과 자연스러운 대화를 가능하게 한다. 사람에게 물어보듯이 질문을 적으면 사람이 말하듯이 대답하는 것이다. 이런 자연스런 대화는 특정 전문가만 AI를 사용할 수 있었던 진입 장벽을 없애고, 문자나 메신저를 할 줄 아는 수준이면 누구나 AI를 활용할 수 있게 되었다.

생성형 AI 세 가지 전문 용어

생성형 AI는 IT 기술을 기반으로 하기에 몇 가지 전문 용어가 사용된다. 생성형 AI에서 많이 사용되는 최소한의 전문 용어를 알아보자

프롬프트(prompt)

인터넷에 무언가를 검색할 때 구글이나 네이버에 글자

를 넣는 것을 '검색어'라고 하는데, 생성형 AI에 넣는 질문은 프롬프트라고 부른다. 생성형 AI는 "사용자 질문에 반응"하기에, 생성형 AI에 글쓰기를 시키고 싶다면, 사람에게 문자나 메시지를 보내듯이 적으면 된다. 생성형 AI에 프롬프트를 입력하는 목적은 두 가지다. 내가 알고 싶은 내용에 대해 생성형 AI가 정확히 답변을 생성하도록 하는 것과 내가 기대한 것보다 더 훌륭한 답변을 생성하도록 하는 것이다. 이렇게 프롬프트를 잘 입력하는 기술을 프롬프트 엔지니어링(prompt engineering)이라고 부른다.

프롬프트를 정확히 입력해야 사용자의 의도에 맞는 명확한 결과가 도출된다. 잘 설계된 프롬프트는 AI가 잘못된 정보를 제공하거나 사용자의 질문을 잘 못 이해하는 일을 최소화해서 AI가 빠르고 정확한 답변을 제공하도록 하여 사용자의 시간을 아끼는 데 도움이 된다. 다만, 생성형 AI는 사람이 아니다. 직원으로 비유하자면 인터넷에 있는 모든 정보를 다 알고 있지만 현장 경험이 없는 입사 예정 신입 직원 정도라고 할 수 있다. 현장 업무 경험이 없기에 질문을 제대로 이해를 못 하거나, 엉뚱한 대답을 하거나, 오류가 나서 멈추기도 한다.

환각 현상(Hallucination)

2023년 올해의 단어로 할루시네이션(Hallucination)이 선정되었다. 할루시네이션은 원래 환각을 의미하는 단어였으나 AI와 결합되어 생성형 AI가 현실과 가상을 구분하지 못하는 상황을 의미하게 되다. 할루시네이션을 한국말로는 환각 현상이라고 부르는데, 인공지능이 현실과는 다른 정보나 경험을 생성하거나 인지하는 것을 말한다. 워싱턴 대학의 최예진 교수는 '왜 인공지능은 믿을 수 없을 정도로 똑똑하면서 충격적으로 멍청한가'라는 제목의 TED 강연을 한 적이 있다. 이 말처럼 인공지능은 천재면서 바보 같은 면이 있다. 생성형 AI는 모르는 내용이 있으면 모른다고 말할 때도 있지만, 있지도 않은 것을 그럴듯하게 지어내서 대답을 하는 경우도 있다. 한마디로 생성형 AI가 거짓말을 하는 것이다. 생성형 AI가 쓴 글이 상사의 결재를 통과 못 하는 가장 큰 이유가 바로 환각 현상이다. 2023년 6월 미국에서 챗GPT가 지어낸 가짜 판례로 변론을 했던 미국 변호사들이 벌금까지 내게 된 사례도 있다. 생성형 AI가 완벽한 줄 알았는데, 실망했다는 사람들이 있다. 사실 생성형 AI는 못하는 것이 많다. 아주 간단한 수학 문제도 종종 틀린다. 얼굴 인식 시스템에서 인공지능이 사람 얼굴을 제대로 인식 못해서 다른 사람으로 오인하는 경우도 있고, 프롬프트를 이해하지 못하고 잘못된 답변을 하기도 한다. 이러한 현상은 인공지능 모델의 학습 데이터나 알고리즘의 한계, 혹은 부정확한 입력 데이터 등으로 인해 발생할 수 있는데, 생성형 AI가 워낙 광범위한 자료를 학습한 LLM(거대 언어 모델)을 바탕으로 하기에 데이터 진위를 확인하지 못해 생기는 현상으로 본다. 초반에는 10~20%정도의 발생률을 보였으나 점차 줄어들고 있다.

AI 리터러시(literacy)

업무용 글쓰기에서는 AI 리터러시가 필요하다. AI 리터러시는 AI의 작동 원리를 이해하고 올바르게 활용하는 종합적인 역량을 말한다. AI 리터러시를 위해서는 먼저 AI의 작동 원리를 이해하고, 실제 생활과 업무에 활용할 줄 알아야 한다. 또한 AI 결과물을 무조건적으로 수용하지 않고 비판적으로 검증하여 사용해야 한다. AI를 사용하기 위해 입력하는 질문이나 사진, 데이터 등 모든 자료는 AI를 학습시키는 데 사용되기에 개인정보나 회사 기밀 정보를 입력하면 안 된다. AI는 확률로 답변하기에 부정확한 대답을 하거나 틀린 답을 말할 수 있다. 따라서 생성형 AI가 쓴 글을 그대로 사용하는 것은 곤란하다. 모든 업무용 글쓰기의 작성자는 '나'이고 책임도 생성형 AI를 활용한 작성자에게 있기 때문이다.

참고문헌

김용석(2025). 《초급 AI 프롬프트 엔지니어링》. 커뮤니케이션북스.
김용성(2024). 《AI 리터러시》. 프리렉.
최동녘(2023). 《챗GPT101》. 유노북스.

03
생성형 AI로 글쓰기 도움 받기

글쓰기를 할 때 첫 문장부터 바로 글이 술술 나오는 것은 아니다. 모든 글쓰기에는 단계가 있다. 직장인들은 업무용 글쓰기 단계별로 AI를 사용할 수 있다. 글쓰기 전, 중, 후 단계마다 사람이 해야 하는 역할과 AI가 해야 하는 역할이 다르다. 글쓰기 단계별로 AI의 도움을 받는 방법을 알아보자.

인공지능과 편향?

글쓰기 시작 단계와 AI

글쓰기의 첫 단계는 글쓰기 사전 준비다. 주제를 정하고, 분량과 양식, 형식을 확인하고 자료를 조사한다.

적절한 양식, 형식, 분량 확인하기

글쓰기 전 준비 단계에서는 내가 써야 하는 글의 형식, 분량, 세부 항목 등을 미리 파악해야 한다. 내가 작성하는 문서의 형식과 세부 항목을 아는 것은 AI 활용 글쓰기에서 특히 중요하다. 사용자가 세부 항목에 대해 이해하지 못하면 AI가 아무리 글을 써 줘도 내 업무에 도움이 안 된다. 보도 자료를 작성한다고 할 때, AI에게 그냥 "보도 자료를 적어 줘"라고 하면 에세이에 특화된 AI는 서론-본론-결론 형식으로 글을 적어준다. 그런데 우리 조직에서는 제목-부제-전문-본문-해설 순으로 작성하는 형식이 있다면 AI에게 "보도 자료를 제목-부제-전문-본문-해설 순으로 작성"하도록 프롬프트를 입력해야 업무가 편해진다. 제일 먼저 내가 작성해야 하는 업무용 글쓰기의 양식, 형식, 분량을 확인해야 하는 이유다.

자료 조사하기

자료 조사는 내가 쓸 글의 재료를 찾는 과정이다. 전통적인 자료 조사 방법은 같은 주제의 책을 읽거나, 글을 읽거나, 논문이나 사례 수집, 설문 조사, 취재, 인터뷰, 체험, 현장 방문을 하는 방법이 있다. 글로 된 자료 외에 이미지와 영상 자료 찾기, 온라인 자료 찾기도 가능하다. AI는 특히 온라인이나 문서로 된 자료 조사에서 유용하게 사용된다. 개념을 요약하고, 기업별 차이를 구조화하여 제시하므로 시간 대비 효율적이다. 내가 무엇을 정확하게 조사해야 할지 모를 때는 적합한 검색 키워드를 요청할 수 있다. "○○ 관련 연구 키워드 10개와 관련 학술 논문 주제를 제안해 줘"라고 프롬프트를 입력하면 연관 개념, 유사어, 관련 학문 분야를 제안하여 탐색 범위를 확장시켜 주는데, 이는 단순한 인터넷 검색보다 훨씬 전략적인 조사를 가능하게 한다. 그동안 좋은 보고서, 논문, 통계 자료를 발견해도 읽는 시간이 부족할 때가 많은데, AI를 활용하면 내가 하나하나 읽지 않아도 긴 텍스트에서 핵심 수치, 주요 인사이트를 추출해 주고, 이를 표 · 차트 · 인포그래픽 등 시각적 자료로 변환할 수 있는 아이디어까지 제공한다. 단, AI는 온라인에 없거나 문서화되지 않은 자료는 조사하지 못한다. 우리 조직 내부 자료는 내가 직접 찾아서 확인해야 하고, 나의 실제 경험이나 몸으로 체감한 정보는 AI가 모르기 때문에 내가 직접 글로 적어야 한다.

주제 정하기

글을 쓰기 전 주제를 명확히 하고 글을 써야 한다. 보통 작가들은 주제를 한 문장으로 정리해서 벽에 붙여놓고 글을 쓰기 시작한다. 이는 운전하기 전에 내비게이션에 목적지를 입력하고 출발을 하는 것과 같다. 내비게이션에 목적지를 틀리게 입력하면 아무리 운전을 잘 해도, 교통 법규를 잘 알아도, 차가 좋아도 목적지에 도착하지 못한다. 주제는 목적지와 같은 역할을 한다. 그런데 업무용 글쓰기를 할 때는 막연한 아이디어만 있고 구체적 주제가 떠오르지 않는 상황이 많다. 이럴 때 AI로 주제 정하기 도움을 받아보자.

"현재 우리 조직/부서가 직면한 ○○ 문제를 보고서로 다룬다면, 어떤 주제를 선택하면 효과적일까?"와 같이 맥락 제공을 요청하는 프롬프트를 입력한다. 주제의 큰 방향을 정했다면, 시장 환경 분석, 경쟁사 비교, 리스크 관리 방안 등으로 세분화하고, 다음 단계로 조직 내부 용어, 현재 상황을 입력하며, 더 구체화할 수 있는 시장, 인사, 재무, 기술 등의 소주제로 좁혀가며 주제를 도출한다. AI가 제시한 여러 가지 주제 중 무엇이 최종 주제로 적절한지 모르겠다면, 팀 회의나 상사에게 여러 가지 주제 중 무엇을 하면 좋을지 의견을 물어 정한다.

글쓰기 중간 단계와 AI

실제 글쓰기에 들어가면 또 막막하다. 빈 종이를 어떻게 꽉 채워야 할지 앞이 캄캄할 때, 초안을 쓰고, 검토받고, 다시 수정해서 검토받는 과정에서 야근을 하게 된다. 글 쓰는 단계에서 AI의 도움을 받는 방법을 알아보자.

예시 글 요청

직장인들이 업무용 글쓰기에서 어려움을 겪는 요인 중 한 가지는 참고할 수 있는 완벽한 예문이 없다는 것이다. 보통 전임자가 작성한 글을 보고 비슷하게 흉내 내서 제출한다. 내 눈에는 비슷해 보이는데 상사는 다시 써오라고 반려한다. 글쓰기 전 AI에게 "예시 글"을 요청하면 문서의 전형적 구조, 어휘 선택, 톤 앤 매너를 빠르게 파악할 수 있다. 이는 일종의 벤치마킹으로, 기존 우수 사례를 분석해 자기 글의 방향성을 잡는 데 도움이 된다. 단, 자체 양식과 AI가 작성한 예시 글의 형식이나 사용 단어가 다를 수 있으니 응용하자.

글 초안 작성

글쓰기를 할 때 제일 막막한 순간은 아무것도 없는 하얀 종이를 마주할 때다. 백지를 보는 순간 첫 문장을 어떻게 써야 할지 엄두가 안 난다. 어찌저찌 첫 문장을 쓴 후에는 두 번째 문장을 어떻게 이어 써야 할지 눈이 깜깜하다. 그럴 때 AI를 활용하여 초안 글을 작성하자. 글의 주제, 주요 데이터, 타깃 정보 등 현재 정해진 방향을 입력하면 초안 작성을 쉽게 할 수 있다. 이 책으로 보도 자료를 만든다면 "다음 정보를 기반으로 신간 도서 출시 보도 자료 초안을 작성해 줘. 제품명: AI와 직장인 글쓰기, 특징: AI 작가와 직장인 작가의 합작 노하우, 대상 독자: 20~50대 사무직 직장인, 목적: 업무용 글쓰기에 AI를 활용하여 업무 부담 감소, 저자: 전안나, 출판사: 커뮤니케이션북스, 출간일: 2025년 10월 13일." 이렇게 프롬프트를 입력하면 초안 글을 작성해 준다. 대략적인 기본 문장 흐름과 메시지가 정리된 초안이 나왔다면, 내가 조금 더 보완하여 제출하면 글 초안 작성에 드는 에너지와 시간을 줄일 수 있다.

여러 번 다시 작성 지시

업무를 하면서 제일 힘들 때가 내가 쓴 글을 상사가 반려하면서 다시 써 오라고 할 때다. 정말 퇴사 욕구가 물밀듯 올라온다. 그런데 AI는 여러 번 시켜도 화를 내지 않고 퇴사하지 않는다. 만약 AI가 작성한 글이 내가 생각한 수준에 미치지 못하거나 방향이 틀렸다면, 몇 번이고 프롬프트를 수정해서 다시 입력하자. AI에게 재작성을 지시하면서 톤 조정, 길이 최적화, 전문성 강화, 가독성 향상 등을 단계별로 개선할 수 있다. 점진적 개선이 업무 문서의 품질을 높이는 핵심 노하우다. 재작성을 여러 번 하면 초고보다는 다양한 상황에 맞는 글로 발전한다. 단, AI는 영어 기반으로 사전 학습을 하였으므로 한국어 글자 수를 정확하게 인지하지 못하다. ChatGPT가 영어로는 알파벳 7자인데, 한국어로는 챗지피티 4글자다. 그런데 영어는 1자가 1칸이고, 한글은 1글자가 2칸으로 인식되는 등 같은 단어여도 글자 수와 칸에 대한 인식이 다르다. 2000자를 작성하도록 해도 정확한 2000자가 아닐 수 있으니 정확한 글자 수는 다시 확인하자.

글쓰기 마무리 단계와 AI

글을 처음 쓰는 것을 초고라고 부른다. 초고를 작성한 후에 글쓰기가 끝나는 것이 아니다. 글쓰기 마지막 단계는 내가 쓴 글을 고치는 퇴고다. AI의 도움을 받아 한 번에 결재받는 글쓰기 방법을 알아보자.

맞춤법, 띄어쓰기, 분량과 형식 점검

퇴고를 할 때는 맞춤법, 내용의 오류, 문맥 오류, 문장의 오류를 확인하고, 작성한 글 중 일부를 삭제하거나 추가하는 과정을 거친다. 우리가 작성한 글에 오탈자가 있으면 결정적인 손실이나 오해를 가져올 수 있다. 늦게 발견하면 수습이 힘들고, 작성자의 경력과 평가에 흠집이 생긴다. 무엇보다 오타가 많은 글은 신뢰성을 의심받는다. 글을 다 쓴 후에는 AI를 활용해 오탈자 체크를 하자. 단순 오탈자를 확인할 때는 "아래 텍스트의 오타, 띄어쓰기, 문법 오류를 전부 수정해 줘"를 입력한다. 정정 이유를 확인하고 싶다면 "아래 글의 오탈자를 교정하고, 수정한 부분과 그 이유를 설명해 줘"를 입력한다. 더 정확하고 세밀한 교정을 유도하고 싶다면 "너는 베테랑 교정자야. 아래 글을 원고 교정하듯 꼼꼼하게 검토하고, 오탈자와 문법 오류를 수정해 줘"로 입력한다. AI가 수정해 준 내용을 원본과 비교하며, 어떤 부분이 어떻게 바뀌었는지 확인하는 습관을 들이면 AI가 놓친 부분을 발견할 수도 있고, 글쓰기 실력을 스스로 향상시킬 수 있다.

비판적 검토를 통한 보완

오탈자 점검이 퇴고의 기본이지만 오탈자보다 중요한 한 것은 글의 퀄리티다. 글쓰기 후 AI에게 비판적 검토를 통한 보완을 요청하는 것은 글의 완성도를 높이는 데 매우 효과적이다. 단순히 오탈자 검사를 넘어 내용, 논리, 구조, 설득력 등 깊은 수준의 개선을 요청하는 프롬프트로 나만의 글쓰기 스승을 두는 것이다. AI에게 비판적 검토를 받을 때는 글의 목표를 AI에게 명확히 알려줘야 한다. 예를 들어 보고서, 논문, 에세이는 '논리 및 주장 강화'가 목표고, 마케팅, 기획서, 자기소개서는 '설득력 및 전달력 향상'이 목표다. 소설, 칼럼, 긴 설명글일 때는 '구조 및 흐름 개선'을 목표로 프롬프트를 입력해야 한다. AI에게 특정 전문가의 역할을 부여하면 더 전문적인 시각의 피드백을 받을 수 있다. 주로 많이 부여하는 역할은 '최고의 글쓰기 강사, 냉철한 편집장' 역할인데, 내 글을 읽는 독자 입장에서 비판이 궁금하다면 '바쁜 직장인, 20대 대학생, 교사' 등으로 역할을 부여하자. 특히 외부에 발행되는 보도 자료, 홍보 글, 입장문, 안내문 등은 법적, 윤리적 문제가 생기면 기업 브랜드에 손실을 끼칠 수 있다. "법적, 윤리적 문제와 차별, 혐오 등의 문장을 검토해줘"로 다시 체크하자. 단, AI의 검토는 일반적인 견해이

니 구체적인 내용은 실제 법령이나 법무팀, 관련 전문가에게 꼭 문의해야 한다. 가능한 검토와 비판 역할을 할 때는 처음 초안 글쓰기를 했던 생성형 AI 말고 다른 AI를 사용하자. 무료로 사용할 수 있는 AI가 많은데, 한 가지만 사용할 필요는 없다. 뒤에서 소개하는 10종 무료 생성형 AI 간 교차 분석을 통해 더 신뢰가 가는 글을 완성하자.

상사 퇴고

업무용 글쓰기에서 가장 중요한 퇴고는 바로 '상사 퇴고'다. 최종 결재자의 결재가 없는 문서는 공문서로 성립되지 않는다. 그런데 최종 결재자의 결재를 받기 위해서는 팀장, 과장, 부장 등 중간 결재자의 결재가 필요하다. 따라서 글을 다 쓴 후에는 나의 상사가 이 글에 결재를 해줄 것인가를 고민하며 마지막 글을 점검해서 제출해야 한다. 직장 상사의 입장에서 한 번에 결재를 받기 위한 점검은 단순히 오탈자나 논리 오류를 넘어서, 상사가 중요하게 여기는 가치와 관점을 반영해야 한다. AI에게 "나는 결재자다"로 상사 역할을 부여하거나, "우리 상사는 숫자에 매우 민감하니, 모든 주장에 구체적인 수치를 넣어 줘", "최근 회사 재정 상황이 어려우니, 예산 절감

방안에 초점을 맞춰 줘" 등 상사가 중요하게 생각하는 것을 프롬프트에 입력하면 상사 퇴고까지 한 번에 완료된다. 하지만 AI 속에 존재하는 상사는 나의 실제 상사와 다르니 상사의 입장에서 다시 한번 내 글을 살펴보는 수고는 필요하다.

참고문헌

김봉조·라미경(2024). 《당장 써먹는 AI 프롬프트 사전》. 홍릉.

민진홍·유경화(2025). 《1400만 직장인을 위한 챗GPT 비즈니스 프롬프트》. 성안당.

장성민(2024). 《AI 시대의 글쓰기》. 커뮤니케이션북스.

04
생성형 AI가 잘하는 글쓰기, 잘 못하는 글쓰기

AI가 잘하는 글쓰기가 있고 못하는 글쓰기가 있다. AI는 복잡한 자료를 빠르게 취합 정리를 잘하고 반복적이고 단순한 글, 구어체로 말하듯이 일상용어로 작성하는 글은 잘 쓴다. 반면 AI가 잘 못하는 글쓰기도 있다. AI는 세상에 없는 독창적인 창작 글과 윤리적, 도덕적 판단이 필요한 글, 인터넷에 없는 고유한 경험과 지식을 바탕으로 하는 글은 잘 못 쓴다.
그럼에도 불구하고 어떻게 하면 신입 직원과 경력 직원, 경영진 모두에게 도움이 되도록 AI를 활용할 수 있을까?

청각장애인과 AI?

AI가 잘하는 글쓰기

복잡하고 많은 자료를 취합하여 정리

새로운 아이디어나 기획이 필요할 때 이전에는 검색 엔진에 검색을 하거나 다 같이 모여서 브레인스토밍을 했다. 이제는 AI에게 물어본다. 내가 잘 아는 분야보다는 전혀 모르는 분야의 지식, 정보를 찾고 싶을 때 사용하면 빠르게 답을 해 주니 회의에 걸리는 시간이나, 검색에 걸리는 시간을 줄일 수 있다. 또 이미 찾은 자료가 있지만 사람이 하나하나 읽기에 복잡하고 분량이 많은 문서를 한꺼번에 정리, 요약하고 싶을 때 사용한다. 논문, 보고서, 기사 등을 볼 때 몇백 장의 PDF 파일을 다 살펴보지 않아도 빠른 시간 안에 요약할 수 있고, 방대한 텍스트에서 핵심 정보를 추출하고 요약하는 데 탁월하다. 외국어로 된 자료를 빠르게 한국어로 번역하면서 동시에 요약하고 싶을 때도 사용 가능하다.

반복적이고 단순한 글쓰기

형식이 정형화된 이메일, 문자, 자기소개서, 안내문, 공고문, 표창장, 사회자 카드, 보도 자료, 소식지, 홍보 글쓰기, 슬로건 짓기, N행시 짓기 등 규칙과 패턴이 뚜렷한 글을 신속 · 정확하게 작성한다. 우리가 근무하는 분야가 어디든 기본적인 프롬프트만 입력하면 쉽게 적어준다. 이메일을 작성할 때는 "전체 직원 회의 일정 조율 이메일을 정중한 말투로, 제목 포함해서 써 줘", 자기소개서를 쓸 때는 "○○○ 직무에 지원하는 자기소개서를 STAR 기법에 따라 항목별로 써 줘", 안내문을 작성할 때는 "사내 전체 직원에게 전할 정기 점검 안내문을 공지 형식으로 써 줘. 날짜, 점검 내용, 유의 사항 포함", 소식지를 작성할 때는 "12월호 사내 소식지에 들어갈 '신입사원 인터뷰' 코너 글을 인터뷰 형식으로 써 줘", 홍보 글을 작성할 때는 "신간 도서 'AI와 직장인 글쓰기'를 20대에서 50대 직장인을 대상으로 인스타그램 홍보 글로 써 줘. 300자 이내, 해시태그와 이모티콘 포함"으로 입력하면 업무가 90% 줄어드는 것 같은 기분이 든다.

다양한 인간의 글 스타일 모방

글쓰기를 할 때, 빈 양식에서부터 글쓰기 시작하면 첫 문장을 어떻게 써야 할지, 구성을 어떻게 해야 할지 고민이 되는데, 본격적으로 글을 쓰기 전에 글 초안을 작성하거나 목차를 구성하는 용도로 생성형 AI를 사용하면 편리하다. 특히 기존에 학습한 수많은 텍스트 데이터를 바탕으로 특정 작가나 매체의 문체를 모방하는 데 능숙해서 "셰익스피어 스타일로 편지를 써 줘", "한강 작가 스타일로 엄마를 주제로 시를 적어 줘" 혹은 "지브리스타일로 그림을 그려 줘"와 같은 요청에 잘 반응한다. 생성형 AI가 내가 원하는 형태로 답변을 잘 하지 못할 때는 이전에 내가 작성한 예시 글을 넣어주고 "아래 예시를 참고해서 적어 줘"라고 입력하면 바로 따라한다.

AI가 잘 못하는 글쓰기

독창적인 창작

생성형 AI는 세상에 없는 새로운 스타일의 글쓰기, 아이디어, 그림 그리기를 못한다. 앞에서 예로 든 "셰익스피어 스타일로 편지를 써 줘", "한강 작가 스타일로 엄마를 주제로 시를 적어 줘", "지브리스타일로 그림을 그려 줘"는 잘 하지만, "전안나 스타일로 그림을 그려 줘"나 "내 옆자리 이은정 사원 스타일로 에세이를 써 줘." 이런 것은 못한다. 왜일까? 인터넷에 학습할 사전 자료에는 전안나가 그린 그림이 없고, 이은정 사원이 쓴 에세이가 없기 때문이다. 이럴 때는 원 자료가 없어서 못하거나 거짓으로 지어내서 알려준다.

생성형 AI는 기존 데이터에 없는 완전히 새로운 개념이나 아이디어를 창조하는 데 한계가 있다. AI의 창작은 기본적으로 기존 데이터를 재조합하고 변형하는 방식이므로, 인간이 가진 무에서 유를 창조하는 능력과는 차이가 있다. 틀에 박힌 패턴을 벗어나 독창적 스토리와 문체를 만드는 데 한계가 있다.

복잡한 맥락과 미묘한 뉘앙스에서 핵심 발췌 부족

복잡하고 긴 글은 요약을 잘하지만, 중요한 내용과 사소한 내용을 구분하여 작성하는 발췌는 잘 못한다. 회의록을 녹취하여 AI에게 정리를 시킨 결과를 보면 신입 직원들은 만족해 하지만, 결재자 입장에서 보면 만족스럽지 못하다. 내용 중 쓸데없는 말이어도 말의 분량이 길면 내용을 길게 정리하고, 중요한 내용이어도 짧게 이야기하면 회의록 내용을 짧게 정리해서 말귀를 잘 못 알아듣는 신입 직원처럼 정리하기 때문이다. 또 단순히 소리 나는 대로 적어내는 녹취록 글쓰기는 잘 하지만 말하는 사람의 뉘앙스나 비언어적인 태도를 파악하여 글에 녹여내는 것은 못한다.

AI는 비언어적 맥락, 사회적 분위기, 풍자, 은유 등 미묘한 뉘앙스가 들어 간 중요한 글을 작성할 때 오류를 범

하기 쉽다. 예를 들어, 상담 녹취록에 "잘했다"라는 단어가 녹음되었을 때 한국어에서 "잘했다"는 "잘~했다"라고 비꼬듯이 말하는 억양일 때와 "잘했다!"라고 감탄의 억양일 때 의미가 달라진다. 그런데 AI는 "잘했다"라는 단어를 문자 그대로 해석해 "GOOD"의 개념으로 해석한다. AI가 정리한 녹취록, 회의록, 상담 기록지는 사람이 다시 한번 살펴서 핵심 내용이 잘 발췌 되었는지, 뉘앙스나 비언어적 맥락이 맞는지 확인 후 제출해야 한다.

윤리적, 도덕적 판단이 필요한 글

글의 내용이 윤리적으로 민감하거나 도덕적 판단을 요구할 때, AI는 객관적인 사실만을 제시할 뿐 올바른 가치 판단을 내리지 못한다. 특히 사과문이나 위로문, 논평 등 윤리적, 사회적 맥락이 중요한 글을 작성하도록 하면, 맥락을 놓치거나 진정성이 부족해 공허하다는 인상을 준다. 그리고 생성형 AI는 자신이 다른 사람의 저작권이나 지식재산권을 침해하고 있다는 사실을 모르기 때문에, AI가 작성한 글이나 그림 등이 특정 유명인이나 기업을 명백하게 따라한 것 같다면 업무용으로는 사용하지 말아야 한다.

AI 활용은 누구에게 유리할까?

생성형 AI는 누구나 사용하기 편리하게 직관적으로 사용할 수 있고 무료로 개방되어 있다. 그래서 젊은 신입 직원들이 AI를 더 잘 사용하고, 나이가 많은 경력 직원은 잘 사용 못할 거라고 생각한다. 하지만 사용 결과를 보았을 때는 사뭇 다르다. 똑같이 생성형 AI를 활용한 업무용 글쓰기는 얼리어댑터 신입 직원보다 업무용 글쓰기를 많이 해 보고 실무 경험이 풍부한 전문가 직장인에게 더 유리하다. 왜 그럴까? AI가 잘 쓰는 글은 자료 정리, 단순하고 반복적인 글쓰기, 다른 사람의 글을 모방한 글쓰기인데 이런 글쓰기는 보통 조직에서 신입 직원들이 하는 업무다. AI가 잘 못 쓰는 글은 독창적인 창작, 복잡한 맥락과 미묘한 뉘앙스에서 핵심 발췌, 윤리적, 도덕적 판단이 필요한 글인데 이런 글은 보통 기관의 핵심 인재가 하는 업무이기에 AI를 사용하여 업무 시간을 줄이는 데는 신입 직원이 유리하지만, AI가 할 수 없는 일을 해내는 성과의 측면에서는 경력 직원이 더 유리할 것이다.

AI 활용은 신입 직원과 경력 직원, 경영진 모두에게 필요하지만, 그 활용 방식과 혜택은 다르다. 신입 직원은 업무 효율성 향상에 중점을 두고, 경력 직원은 전략적 활용과 문제 해결에 중점을 두고, 경영진은 조직 전략까지

각자의 상황에 맞게 사용하는 것이 필요하다.

신입 직원: 효율성 향상과 보조 도구로서의 AI 활용

신입 직원은 반복적이고 기계적인 업무가 많기 때문에 AI를 활용하면 업무 시간을 크게 단축시킬 수 있다. 이메일 자동화, 일정 관리, 데이터 정리 및 분석을 AI가 도와주면 반복적인 일을 줄이고, 더 중요한 일에 집중할 수 있다. 또 신입 직원은 업무 중 궁금한 점이 생겨도 그때마다 상사에게 물어보기 곤란할 수 있는데, 그때 AI를 통해 바로 검색하고 해결책을 찾을 수 있다. 일종의 지침서나 옆자리 사수처럼 활용할 수 있다. 프롬프트를 잘 작성하기 어렵다면 여러 책이나, 유튜브, 검색을 통해 프롬프트를 찾아보고 응용하자. 다만 AI의 초안을 바탕으로 개인적인 톤이나 상황에 맞는 조정을 통해 최종 결과물을 완성해야 하고, AI가 알려준 대답이 우리 부서와 조직에 적절한 대답이었는지는 비판적으로 검토해서 적용해야 한다. AI에만 의존하면 기본기를 배우지 못한 직원이 되거나, 조직에 필요 없는 직원이 돼 AI로 대체될 것이다.

경력 직원: 전략적 활용과 문제 해결의 핵심 도구로서의 AI

경력 직원은 전략적 의사 결정에 AI를 활용하여 조직의 목표를 달성하는 데 중요한 역할을 할 수 있다. AI의 정보를 바탕으로 본인의 직간접 경험을 통해 보다 정확한 예측 분석, 복잡한 비즈니스 문제를 해결하는 아이디어를 낼 수 있다. 또 각 조직의 특성에 맞게 AI 시스템을 구축하고, 최적화하여 부서 간 협업을 개선하거나, 비즈니스 요구에 맞는 맞춤형 솔루션을 제공할 수 있다. 다년간 업무용 글쓰기 경험을 바탕으로, 우리 조직과 우리 부서에 맞는 프롬프트를 구성하여 후배들에게 알려주는 역할도 할 수 있다. 다만 조직 기밀에 해당하는 자료는 AI에 입력할 수 없기에 이 부분은 여전히 사람의 역할이다. AI를 전략적으로 활용하면서 왜 AI가 이런 답을 하는지 근거를 검토하고, 오류를 확인하고, 드문 패턴을 분석하거나, 획기적인 사업 개발을 위한 파트너로 활용하면 AI로 대체할 수 없는 인재, AI 시대에 오히려 필요한 인재가 될 것이다.

경영진: 비전 제시와 조직 혁신을 위한 AI 활용

앞으로 생성형 AI는 인간이 업무에 필요한 지식과 기술 유형을 변화시킬 것이다. 경영진에게 AI는 단순한 보조 도구나 문제 해결 도구를 넘어, 미래 비전과 혁신을 이끌어내는 전략적 파트너가 될 수 있다. 우리나라와 해외 모두 대기업에서 AI 도입 실패율이 높았는데, 미국 싱크탱크 랜드의 'AI 프로젝트 왜 이렇게 실패하는가'에 대한 인터뷰에서 첫째 이유로 말하는 것이 바로 '리더십의 실패'다. 리더가 생성형 AI를 잘 모르면 무조건 못하게 막거나, 이랬다가 저랬다가 갈팡질팡하며 방향성이 바뀌게 된다. 그동안 기업에서 생성형 AI는 개인별 업무용 글쓰기 위주로 사용되었다. 하지만 앞으로는 부서와 조직 차원의 도입이 필요하다.

일단 조직 내외부에서 생성형 AI 사용을 독려하자. 단, 몰래 사용하는 것이 아니라 누가 어떤 방식으로 AI를 활용했는지 기록되면, 노하우가 쌓여 조직 전체의 학습 자료가 될 수 있기에 좋은 프롬프트와 AI 도구를 공유하는 조직 문화를 만드는 것이 필요하다. AI는 이미 산업 전반에 영향을 끼치고 있기 때문에 우리 조직에 적합한 AI 전략을 세워야 한다. 중장기적인 관점에서 AI를 조직 전반에 어떻게 적용할지와 함께 AI의 데이터를 활용해 신사업 기회를 포착하거나, 위험 요인을 조기에 발견해 리스크 관리 체계를 강화하고, AI가 제시하는 수치와 데이터가 제시하는 객관적 사실 위에 경영자의 통찰력과 가치관을 얹어 조직의 미래를 설계해야 한다. 더불어 우리 조직에 맞는 AI 윤리 가이드라인과 데이터 보안 정책을 통해 조직 구성원들이 AI를 올바르고 안전하게 사용할 수 있는 환경을 구축해야 한다. AI 시대의 경영진은 AI를 통제하는 리더가 아니라, AI와 함께 새로운 미래를 개척하는 리더가 되어야 한다.

미래를 통제하는 제일 쉬운 방법은 미래를 스스로 만들어가는 것이다.

참고문헌

권순우 외(2024). 《AI 반도체 혁명》. 페이지2북스.

최두옥(2021). 《스마트워크 바이블》. 유노북스.

필립 드리말카(2025). 《AI시대의 노 워크 혁명》. 이병욱 옮김. 에이콘온.

한상기(2024). 《AGI의 시대》. 한빛미디어.

Abdulnour, R. E. et al.(2025). Educational Strategies for Clinical Supervision of Artificial Intelligence Use. *New England Journal of Medicine, 393*(8), pp.786~797.

RAND(2024). "AI 프로젝트 왜 이렇게 실패하는가". https://www.rand.org/pubs/research_reports/RRA2680-1.html

05
생성형 AI와 인간 작가의 협업

AI 도구가 매일 새롭게 나온다. 너무 많은 AI의 등장에 변화에 뒤처질까 전전긍긍하게 된다. 시간도 없고 바쁜데 계속 업그레이드되는 AI를 어디까지 배워야 하는지 마음이 무겁고, 회사 몰래 사용하느라 구독료도 부담스럽다. AI를 잘 사용하는 것은 도구의 특성보다 사용자의 사용 기술이 아직까지 더 많은 영향을 미친다. 프롬프트를 잘 쓰는 기술인 프롬프트 엔지어니링을 알아보자.

AI 콘텐츠 크리에이터?

AI에게 글쓰기 잘 작성시키는 법

누구인가: 직무 전문가

AI는 내가 누구인지 모른다. 학생인지, 교수인지, 직장인인지, 취업 준비생인지 모른다. 먼저 내가 누구인지 밝혀야 내 상황에 맞는 글을 작성해 준다. 내가 누구인지 밝히는 것은 나의 인적 사항을 쓰는 것이 아니라, 내가 하는 일의 전문가로 나를 소개하는 것이다. 직원 채용 업무를 해야 한다면 "채용 컨설턴트야", 홍보 글을 써야 한다면 "나는 ○○○를 판매하는 기업의 전문 카피라이터야" 등 내가 일하는 분야, 역할, 업무에 대한 정보를 입력하는 것으로 시작한다.

무엇을 써야 하는가: 6하 원칙

내가 어떤 상황에서 글을 쓰는지 배경 지식, 정보를 입력한다. 너무 모호하거나 두루뭉술하게 입력하면 AI의 답변도 모호하고 두루뭉술해진다. 홍보 캠페인을 준비하고 있다면 "언제 어디서 누구에게 어떤 목적으로 하는지"를 입력하고, 사업 계획서를 쓴다면 "누구를 대상으로 어떤 사업을 왜 하려는지"를 자세히 작성한다. 언제, 어디서, 누가, 무엇을, 어떻게, 왜 등 6하 원칙을 포함하여 작성하거나, 복잡한 내용일 때는 단계별로 나눠서 입력하면 제일 좋은 결괏값을 얻을 수 있다.

어떻게 써야 하는가: 톤 앤 매너

글의 형식이나 말투, 형식, 분량 등을 명확하게 지정해서 입력한다. 사업 계획서는 “전문적으로”, 인스타그램 글은 “쉽게 이모티콘을 넣어서”, 공공기관에 보낼 이메일은 “격식 있으면서 짧게”, 신입 직원 채용 면접 질문은 “서술식으로” 등 톤을 지정하거나 몇 개, 몇 글자, 몇 단어 등으로 분량을 지정한다. 표, 텍스트, 리스트, 코드 등으로 형식을 지정하고 싶을 때는 몇 가지 마크다운을 사용하자. 마크다운은 텍스트를 기호로 바꾸는 문장 부호인데 | 파이프라인은 표의 항목을 구분해 주고, [ ] 대괄호는 링크를 지정해 주고, - 하이픈은 리스트 형태로 작성해 주고, 〉 꺽쇠는 인용구 표시, # 샵은 제목이고 , 콤마는 문항을 구분하는 부호로 사용된다. 이상의 프롬프트는 생성형 AI가 이해하기 쉽도록 명확하고 간결한 질문 또는 명령을 사용하는 것이 효과적이다.

결과가 나온 후: 수정 또는 추가 요청

생성형 AI는 사람이 아니다. 오류가 나서 대답을 안 하거나 질문을 제대로 이해 못해서 엉뚱한 대답을 할 수 있다. 처음 입력한 프롬프트로 나의 의도를 정확히 이해하지 못했다면, 실망하지 말고 여러 번 다시 작성을 요청하자. "다시 적어줘"라고 간단하게 적어도 되지만 "○○ 부분을 강조해서 다시 적어 줘", "○○을 포함해서 다시 적어 줘" 등 자세하고 상세하게 프롬프트를 반복하면 점점 더 향상된 답변을 도출할 수 있다.

프롬프트 작성 시 하지 말 것

프롬프트를 대충 작성하지 않는다.

프롬프트를 너무 간단하게 작성하면 엉뚱한 답변을 하거나 쓸모없는 답변을 하는 경우가 많다. 다시 말하지만, AI는 내가 누구이고 어떤 일을 하는지 전혀 모르는 상태이기에 나의 역할, 업무와 글의 배경 지식, 정보를 자세히 알려주면 더 적절한 답변을 생성한다. 내가 누구인지, 하려는 일의 배경 지식을 입력하고, 어떻게 써야 하는지 명확하게 지정해야 내가 필요한 답을 해 준다. 역할과 배경 지식을 자세히 넣어도 답변이 이상할 때나, 어떤 글을 써야 할지 잘 모를 때는 생성형 AI에 거꾸로 열린 질문을 하자. 내가 써야 하는 글쓰기 종류를 말하고, 어떤 항목을 넣어야 하는지 물어보고, 그 답변에 이어서 글을 써 달라고 요청을 하면 조금 더 발전된 답변을 생성할 수 있다. "○○ 주제에 대해 알고 싶은데, 어떻게 질문하면 좋을까?" 또는 "○○ 주제에 대해 ○○ 문서를 작성하려고 해. 어떤 내용을 적어야 할지 알려 줘" 등으로 프롬프트 자체를 물어보고 답변까지 요청하자.

답변을 한 번만 시키지 않는다.

프롬프트를 한 번 입력했는데 답변이 마음에 안 든다고 그냥 끝내지 않는다. 처음부터 생성형 AI의 답변이 완벽할 것이라는 기대를 하지 말자. AI는 확률로 답변하기에 첫 대답이 완벽할 수 없다. 생성형 AI는 매회기 다른 답변을 생성하므로 프롬프트를 조금이라도 수정해서 다시 작성한다.

답변 전체를 다시 요청하는 것보다 생성형 AI 답변을 항목별로 나누어서 추가 답변을 요청하는 것이 더 좋은 답변 생성에 도움이 된다. "○○ 위주로 추가 의견을 적어 줘" 또는 "○○ 입장에서 적어 줘" 또는 "○○에 대해 공식 문서를 인용해서 다시 적어 줘" 등으로 반복적으로 요청하면 개선된 답변을 얻을 수 있다.

생성형 AI를 1개만 사용하지 않는다.

AI마다 답변하는 특징이 다양하다. 예를 들어 "식품 회사 30주년 창립 기념행사 사회를 맡았어. 공식적인 격식을 갖춘 행사이고 2시간 동안 진행하는데 행사 식순을 적어 줘"라는 요청을 챗GPT에게 입력했을 때와 제미나이에 입력했을 때, 빙 코파일럿에 입력했을 때, 클로드와 뤼튼에 입력했을 때 각각 답변이 다르다.

어느 AI는 관료적인 형식을 가진 개관 기념행사를 추천해 주고, 어느 AI는 대기업 창립기념일 형식으로 거창하게 추천해 주고, 어느 AI는 직원들끼리 해볼 만한 조촐한 창립기념일 행사를 추천해 준다. 어느 AI든 글쓰기는 무료로 사용할 수 있으니, 이왕 만든 프롬프트를 한 번만 사용하지 말고 여러 AI를 사용해서 답변을 확보하자. 다양한 AI를 사용하면서 나만의 업무 도구 목록을 정하자. 예를 들어 시각화 자료가 필요할 때는 캔바AI, 연구 보고서를 작성할 때는 퍼플렉시티, 블로그 글쓰기나 감사 편지는 클로드, 최신 검색을 반영하고 싶을 때는 제미나이, 정형화되지 않은 톡톡 튀는 답변을 원할 때는 그록 등 입맛에 맞게 사용해 보자.

답변을 무조건 신뢰하지 않는다.

생성형 AI에게 "쌀 한 가마니를 설명해 줘"라고 하면 어느 날은 "40kg"이라고 답변하고, 어느 날은 "80kg"이라고 답변한다. 내가 쌀 한 가마니가 몇 kg인지 알고 있어야 생성형 AI가 틀린 말을 하는지, 바른 말을 하는지 파악할 수 있다. 생성형 AI가 생성해 주는 답변이 정확하지 않을 때도 많다. 생성형 AI가 생성하는 답변이 틀린지 맞는지 분석적, 비판적으로 검토해야 한다. 이 답변이 신뢰할 만한지, 어디까지 어떻게 활용할지 여러분이 판단해야 한다. 예전보다 개선이 되었지만 AI의 출처가 정확하지 않을 때도 있다. 출처를 찾아서 생성형 AI의 답변을 검증해야 한다. "공식 문서를 인용해서" 답변을 해달라고 요청을 했지만 "김○○(36세) 중소기업대상 보고서"처럼 인용문의 제목과 작성자, 연도를 정확히 알려주지 않는 경우도 있다. 이런 자료는 불확실한 자료이기에 업무용 글쓰기에 사용할 수 없다.

AI가 시작하고, 인간이 완성하는 원고

맥락 및 뉘앙스 파악의 한계

AI는 방대한 데이터를 학습하지만, 개별 기업이나 조직의 고유한 문화, 내부 맥락, 그리고 특정 상사나 동료 간의 미묘한 관계까지 이해하지 못한다. 정해진 틀에 따라 회의록, 보고서와 같은 문서를 일반적인 형식에 맞춰 잘 작성할 뿐이다. "우리 팀은 지난 분기에 이슈가 많았으니 이번 보고서는 긍정적인 방향으로 포장해야 한다"와 같은 구체적인 내부 상황이나, "우리 팀장은 숫자에 민감하니 표를 더 많이 추가해야 한다"와 같은 개인적인 선호도를 파악하지 못한다. AI가 작성한 글은 여러분의 검토를 통해 오해를 줄이고, 글의 설득력을 높여야 한다.

책임 소재와 신뢰성 확보

AI가 생성한 내용에 대한 최종 책임은 글을 제출하는 인간에게 있다. AI는 사실 관계의 오류를 범할 수 있으며, 특히 민감한 업무 자료에서는 치명적인 문제를 야기할 수 있다. 왜 그럴까? AI는 학습 데이터에 의존하기 때문에 최신 정보나 내부 기밀 자료를 반영하지 못한다. AI가 작성한 시장 분석 보고서의 데이터가 최근 업데이트된 공식 통계와 다르거나, 회사 내부의 최신 정책 변경 사항을 반영하지 못한 채로 제출된다면 단순한 실수를 넘어, 의사 결정을 잘못된 방향을 유도하여 비즈니스에 큰 손실을 초래할 수 있다. 이때 책임 추궁은 담당자인 나의 몫이다. "AI가 이렇게 써 줬어요"라고 탓을 할 수 없다. 보고서의 작성자는 나고, 월급을 받는 사람도 나이기 때문이다.

창의적 사고와 독자 맞춤형 전략의 부재

AI는 기존 데이터의 패턴을 재조합하는 데 능숙하지만, 새로운 관점이나 창의적인 해결책을 제시하는 데는 한계가 있다. 업무용 글쓰기, 특히 제안서나 기획서에서 이러한 한계가 두드러진다. 업무 제안서의 정형화된 틀에 맞춰 글을 생성하지만, 경쟁사가 시도하지 않은 완전히 새로운 마케팅 전략이나, 고객의 숨겨진 니즈를 파악한 혁신적인 제품 아이디어와 같은 획기적인 통찰력은 인간의 몫이다. 우리는 AI가 생성한 초안을 바탕으로 전략적인 사고를 더하고, 결재권자의 니즈에 맞게 글의 방향을 수정하여 글의 가치를 높여야 한다.

AI가 작성한 글은 '초고'다. 그대로 제출하면 결재를 받을 수 없거나, 내가 책임질 수 없는 글이 된다. 특히 AI가 확률로 답변함으로써 생기는 거짓말, 할루시네이션 오류를 수정하고, 인터넷에 없는 나만의 경험, 직장인이기에 아는 회사의 방향을 추가하고, 회사 내부인이기에 아는 핵심 정보를 포함하여 글을 완성하는 역할은 바로 인간의 역할이다. AI가 작성한 글은 인간이 수정하는 과정을 통해 완성해야 한다. 이것이 바로 AI와 인간의 협업이다.

참고문헌

김덕진(2023). 《AI 2024 트렌드&활용백과》. 스마트북스.

전안나(2024). 《AI 사회복지 글쓰기》. BOOKK.

06
생성형 AI 글쓰기와 저작권

AI는 저작권이 없다. 인간이 만든 창작물에만 저작권이 발생하는데 AI는 인간이 아니기 때문이다. AI가 저작권이 없다는 점은 업무에서 AI가 써 준 글이나 그림을 마음껏 사용할 수 있는 근거가 된다. 사용자 입장에서는 AI가 써 주는 글이나 그림을 마음껏 사용할 수 있어서 좋다고 생각할 수 있지만, 반대로 내가 고민해서 입력한 프롬프트에 저작권을 주장할 수 있는지, AI로 작성하고 내가 수정한 글의 저작권을 보호받을 수 있는지 고민이 생긴다.

AI와 민주주의?

표절과 인용, 저작권

표절과 인용

AI가 써 주는 글은 표절일까? 아닐까? 표절은 타인의 저작물을 마치 자신의 저작물인 것처럼 공표하는 것으로, 판례상으로는 연이어 6단어 이상 똑같은 경우가 표절로 인정되었다. 이미 발표된 타인의 글을 그대로 베껴서 쓰는 것, 출처를 밝히지 않고 부분을 베껴 쓰거나, 다른 사람의 저작물에 있는 문장이나 구절을 전부 혹은 일부를 그대로 옮겨오면서 출처를 밝히지 않은 경우, 표절에 해당한다. 표절의 대상은 타인의 고유한 생각, 아이디어, 독특한 표현이 들어간 단어, 구, 절, 문장, 그래프, 표, 그림, 사진 등 연구 가설이나 분석 방법 및 논리, 이론 및 연구 결과, 데이터, 조사 자료 등이 모두 표절 대상이 될 수 있다. 표절이 되지 않기 위해 그동안 우리는 적법한 인용을 하거나 저작권을 구입하여 사용해 왔다. '적법한 인용'은 남의 글이나 말을 나의 글이나 말에 끌어다 사용하되, 나의 글이 아니고 다른 사람의 글이라는 것을 밝히는 행동이다. 보통 저자의 이름과, 연도, 페이지, 책 제목 등을 작성한다.

저작권

저작권법 제28조에 따르면 "공표된 저작물은 보도·비평·교육·연구 등을 위하여는 정당한 범위 안에서 공정한 관행에 합치되게 이를 인용할 수 있다"고 명시되어 있다. 현행 저작권법 제28조에 공표된 저작물의 인용에 부합한다면 국내외 저작물을 막론하고 출처 명시를 전제로 모두 인용할 수 있다. 인용은 어디까지나 저작물의 공정 이용에 해당하는 것이므로 저작권자라고 하더라도 이를 막을 수는 없고, "적법한 인용"이라면 원저작자가 인용을 반대하더라도 출처를 밝히기만 하면 법적 문제는 없다.

AI의 창작물에는 저작권이 없다

한국저작권위원회 「생성형 AI 저작권 안내서」에서는 저작권에 대한 다양한 이슈를 다루고 있다. 최근 사람들이 가장 많이 물어보는 질문은 바로 생성형 AI와 저작권이다. 생성형 AI에 작성하는 프롬프트에 대해 저작권이 있는지와 생성형 AI가 생성한 답변에 대한 저작권이 있는지를 궁금해한다. 저작권은 인간이 만든 창작물에만 적용이 되는데 생성형 AI는 인간이 아니어서 저작권이 인정되지 않는다. 생성형 AI가 그려주는 그림이나, 만들어

주는 음악, 만들어주는 영상, PPT에도 저작권이 없다. 비슷한 예시로 생성형 AI를 활용하여 쓴 연구 논문이나 책의 저자로 생성형 AI를 작성자로 등록 가능한지에 대한 질문에서도 인간이 아니어서 저자로 등록되지 않고, 〈네이처〉 〈사이언스〉 등의 주요 논문지에서는 생성형 AI가 공동 저자인 논문은 승인하지 않고 있다.

2025년 7월 유튜브에서는 AI를 사용한 저작물에 대해 수익 발생을 제한한다고 발표했다. 유튜브는 "AI 기술은 크리에이터의 도구일 수 있다"고 인정하면서도, 반복적이며 창의성 없는 콘텐츠에 대해서는 명확한 수익 제한 조치를 예고했다. 위키피디아 내용을 그대로 AI 음성으로 읽어주는 영상, 뉴스 기사를 자동으로 슬라이드 쇼 형식으로 제작한 영상 등은 수익화가 차단된다. 즉, 창작자의 기여가 없는 것은 인정하지 않겠다는 의도로 보인다.

2025년 4월 한국저작권협회에서는 AI 사용률 0%만 음원 등록이 가능하도록 제한하였다. 한국저작권협회가 AI 사용률 0%를 요구하는 이유는 저작권의 주체 문제가 가장 크다고 본다. 우리나라 저작권법은 인간의 창작물만 저작권 보호 대상이 되는데, AI는 법적으로 저작자가 될 수 없기 때문에, AI가 만든 음원은 저작권 등록이 불가한 것이다. 저작권 등록 시 "AI 개입 0%"를 원칙으로 확인해야, 저작권자가 명확해지기 때문에 이런 제한을 둔 것이다. 또 AI가 학습하는 과정에서 기존 음악의 멜로디, 가사, 편곡 스타일 등을 무단으로 차용했을 가능성이 큰데, AI의 생성물을 그대로 등록하면 원저작자와의 저작권 분쟁이 발생할 수 있기에 책임 소지를 분명히 하기 위한 조치라고 볼 수 있다. 예를 들어 AI를 활용해서 음원을 만들었지만 속이고 내 이름으로 저작권 등록 후에 저작권 분쟁이 발생했다면, 음원을 등록한 내가 100% 책임을 지도록 만든 시스템인 것이다.

프롬프트와 저작권

AI가 만든 창작물에 대한 저작권 이슈 다음으로 제기되는 문제가 '프롬프트' 저작권이다. 인간이 작성한 '프롬프트'에 저작권을 주장할 수 있을까, 없을까? 현재까지는 2가지 견해가 있다. 프롬프트에 단순히 "노인이 주인공인 소설을 써 줘"라고 입력해서 생성형 AI가 써 준 소설이 있다면 이 프롬프트와 이 소설에는 저작권이 없다. 하지만 "70대 할아버지와 할머니가 주인공인 로맨스 대하 역사 소설을 쓸 거야. 할아버지는 미국 국적인데 1980년 한국에서 거주하면서 주재원으로 근무를 했어. 그때 한국 사람인 김순이 할머니를 25살에 만났어. 갑자기 본국 부모님이 아파서 미국으로 돌아간 후 연락이 두절되었다가 65살에 우연히 한국에 여행 온 할아버지를 다시 만나게 되었어. 여기까지가 1막이야. 열린 결말로 3000자 시나리오를 써 줘"라고 자세한 플롯이나 캐릭터, 서사가 제공되고 생성형 AI가 글로 표현해 주는 도구로만 사용되었다면 추후에는 프롬프트에 저작권이 인정될 가능성도 있다는 견해다.

미국 저작권청에서 2023년 발표한「저작권 등록 안내」지침에 따르면, AI가 생성한 콘텐츠는 인간이 창조한 것이 아니므로 저작권 보호 대상이 아니라고 명시했다. 하지만 인간이 AI를 활용하여 선택과 배열, 수정 등의 창의적인 기여를 했다면, 그 부분에 한해 저작권을 부여할 수 있다고 보았다. AI가 초안을 쓴 글을 인간이 상당 부분 수정하거나, AI가 생성한 이미지들을 선택하고 배치하는 편집 작업은 저작권 보호를 받을 수 있다는 논지다. 또 AI가 생성한 콘텐츠는 저작권 보호 대상이 아니라고 하면서도, 인간의 창의적 개입이 더해진 부분에 대해서는 저작권 등록이 가능하다고 밝혔다. 즉, AI는 단순한 도구일 뿐이고, 그 도구를 활용해 최종 결과물을 완성하는 것은 인간의 역할이기 때문에, 최종 결과물에 대한 저작권을 인간이 가질 수 있는 것이다.

이상의 논의들을 종합하면 AI 자체는 저작권의 주체가 될 수 없으며, AI가 생성한 콘텐츠의 저작권 여부는 창작 과정에 인간의 창의성이 얼마나 개입했는지에 따라 결정될 수 있는데 AI를 단순히 도구로 활용해 인간이 창작물을 완성했다면 저작권이 인정될 수 있지만, AI가 단독으로 만든 결과물은 저작권이 없다고 보는 것, 하지만 앞으로는 논란의 여지가 있을 수 있다는 것이 현재 법률과 전문가들의 지배적인 견해다. 그런데 앞으로 관련 법이 새로 제정될 수 있기 때문에 AI 사용 시 결과물을 그대로 사용한 것이 아니라, 인간이 수정해서 변형한 부분이 더 많은 근거를 함께 보관한다면 추후에는 저작권을 주장하기 유리할 것으로 보인다.

AI 사전 학습 자료와 인간의 저작권

저작권과 관련된 세 번째 이슈는 AI가 학습을 위해 사용한 데이터가 작성자인 인간의 저작권을 침해하는가에 대한 문제다. 2025년 3월 전 세계를 휩쓴 지브리 스타일 그림 그리기가 대표적인 경우다. 챗GPT에게 "지브리 스타일로 그림을 그려 줘"라고 입력하면 순식간에 그림을 그려주는데, 분명히 미야자키 하야오의 그림을 사전 학습해서 따라한 것이 분명하지만, 사전 학습에 대해 원작자의 별도 승인을 받은 적이 없으며 저작권료를 지불하지도 않았다. 이렇게 유명한 사람의 상업적인 그림도 저작권 보호를 못 받는데, 우리가 쓴 글은 어떻게 보호를 받을 수 있을까? 내가 그동안 인터넷에 썼던 모든 개인적인 글이나 에세이나 칼럼, 사진들도 생성형 AI를 학습시키는데 사용되었지만 광범위한 표절 가능성과 함께 원 창작자의 권리 보호를 받지 못하고 있는 것이다.

챗GPT-5를 학습시키는 데 얼마나 많은 자료가 사용되었는지는 공개되지 않았지만, 2022년 11월 최초 공개되었던 챗GPT-3.5는 2021년 9월까지 자료를 학습하기 위해 3000억 개의 단어와 5조 개의 문서를 사전 학습하여 비용이 3.7조 원이 들었다. 그 후 챗GPT-4o는 2023년 10월까지, 챗GPT-4.1은 2024년 6월까지, 챗GPT-5는 2024년 10월까지 사전 학습했다는 보도를 보면 얼마나 자료를 무단으로 학습시켰을지는 안 봐도 알 수 있다. 그런데 AI를 학습시키기 위해 타인의 저작물을 어떻게 이용했는지 모니터링 하기는 쉽지 않다. 물론 챗GPT 사용시 우리가 입력한 내용을 사전 학습을 못하게 막을 수 있는 설정도 있다. 챗GPT에서 설정-데이터 제어에서 '모든 사용자 대상 모델 개선'을 해지하고, 대화 직후 바로 히스토리를 삭제하는 방법으로 사전 학습을 못하게 막을 수 있다. 하지만 이것은 챗GPT에 내가 지금 입력하는 글에 대해서 학습을 막는 것이고, 다른 매체들에 올린 모든 글을 막는 것은 아니다.

앞으로는 "이 저작물이 AI 학습에 사용되는 것을 거부합니다"라고 표기 시 AI 학습에 이용되지 않도록 인간의 저작권을 보호할 필요가 있다.

참고문헌

미국 저작권청(2023). "저작권 등록 안내". https://www.federalregister.gov/documents/2023/03/16/2023-05321/copyright-registration-guidance-works-containing-material-generated-by-artificial-intelligence

정경민(2023). 《창작자를 위한 챗GPT 저작권 가이드》. 포르체.

정지우(2025). 《AI, 글쓰기, 저작권》. 마름모.

한국저작권위원회(2023). "생성형 AI 저작권 안내서". https://www.copyright.or.kr/information-materials/publication/research-report/view.do?brdctsno=52591

07
생성형 AI 한계와 사용 제한

생성형 AI는 몇 가지 치명적인 문제가 있다. 이는 "생성형 AI는 사전 학습한 내용을 바탕으로 사용자 질문에 가장 확률이 높은 답변을 자연어로 제공해 주는 인공지능"이라는 생성형 AI의 태생적인 특징과 관련 있다. AI는 민감 정보 노출, 편향성, 가짜 정보 등의 한계가 있고, 이로 인해 사용 나이 제한, AI 표기 의무와 공모전 출품 제한 등 일부 영역에서 제한을 받고 있다. AI의 한계와 사용 제한 이유를 살펴보자.

AI와 애니메이션?

AI의 치명적 문제점

민감 정보 노출 문제

생성형 AI는 인터넷에 있는 모든 자료를 '사전 학습'했을 뿐 아니라, 프롬프트에 한 번 입력된 정보는 서버에 남아서 이후 다른 이용자가 관련 정보를 요구할 때 활용되고 있다. 챗GPT는 오픈 AI에서 운영하고, 제미나이는 구글, 빙 코파일럿은 MS에서 운영하는데, 생성형 AI에 입력한 자료는 대부분 해당 업체 서버에 수집된다. 만약 업무 회의록을 올리고 요약 정리를 시키는 순간, 내가 의도치 않게 우리 회사 신제품에 대한 계획을 사전 학습 자료로 제공하는 일이 발생할 수도 있는 것이다. 따라서 부지불식간에 중요한 기밀이 유출될 수 있으므로 기관이나 클라이언트, 작성자에 대한 민감 정보가 입력되지 않도록 주의가 필요하다.

편향성

생성형 AI가 인터넷에 있는 정보를 사전 학습하다 보니 원본 글을 작성한 사람이 가진 인종, 지역, 차별, 혐오를 모두 흡수한 상태다. 즉, 우리가 질문을 하면 생성형 AI는 인종, 지역, 차별, 혐오가 포함된 답변을 한다. 또 하나 문제점은 인터넷 상의 언어 자료 분류를 살펴보면 60.4%가 영어고, 한국어 자료는 0.1%에 불과하다. 과반수 자료가 영어이다 보니 영어권 사람의 생각, 문화, 가치관, 사고방식으로 답변을 생성하게 된다. 실제 연구에서도 AI의 편향성이 드러났다. 평상빈 · 류위한 · 율리아 츠벳코프 연구에 따르면 경제와 정치에 대한 60여 개의 질문에 대해 '구글 바드'는 권위주의이면서 경제적 좌파 답변을 했고, '챗GPT-4'는 자유주의이면서 경제적 좌파 답변을 했다. '알파타'는 권위주의이며 경제적 좌파 답변을 했고, '메타 라마'는 권위주의이며 경제적 우파 답변을 했다. 이렇듯 생성형 AI의 답변에는 편향성이 반영되어 있다. 그렇기 때문에 우리는 이런 편향성이 반영된 답변을 그대로 활용하면 안 된다.

가짜 정보, 거짓말

생성형 AI는 원본 글이 가짜인지 진짜인지 검증받지 않은 정보를 마구 수집한 상태에서 사전 학습을 한다. AI는 진짜 정보와 가짜 정보가 무엇인지 모르고, 정보를 검증하는 메커니즘이 없다. 또 "가장 확률이 높은 답변"을 하도록 설정돼 있어서 거짓말을 하는 환각 현상을 보인다.

우리가 작성한 사업 계획서에 실존하지 않는 논문이

나 통계, 데이터를 활용하면 안 되므로 생성형 AI가 써 준 글에서 신문이나 논문 등의 근거를 명시해야 하는 자료는 글을 기반으로 거꾸로 인터넷 검색이나 전문가 의견과 자문 등을 통해 출처를 다시 찾아서 표기해야 표절이 아닌 적법한 인용을 할 수 있다. 가능한 공식 문서와 정책을 참고하고, 사용자의 상식과 기본 지식 검토를 통해 생성형 AI 답변의 현실성을 검증한 후 사용해야 한다.

그 외에도 표절과 지적 재산권 침해, 복잡하고 긴 문장 이해 못함, 한글 이해력 부족, 답변 시 멈춤 등 시스템 불안정, 가짜 정보에 따른 윤리 문제, AI 모델의 악용 및 환각 현상에 따른 사회적 혼란 조성 가능성, 해커나 범죄자에 의한 악용 가능성, 검증되지 않은 결과물의 공유로 잘못된 의사 결정 유도 등 다양한 문제가 있다. 이런 문제로 인해 각 기업별 특성에 맞는 구체적인 사용 가이드라인이 필요한 상황이다.

AI 사용 제한

나이 제한

비판적 사고가 충분히 발달하지 않은 아동 · 청소년은

AI의 편향성과 가짜 정보를 인식하지 못하고 사실로 받아들일 가능성이 높다. 폭력적 · 성적 · 유해 정보 등 부적절한 콘텐츠에 우연히 노출될 위험이 있는데, 아동 · 청소년은 그러한 정보를 올바르게 해석하거나 차단하기 어렵다. AI와의 대화에 과도하게 의존하면 사회성 발달이나 비판적 사고 발달에 부정적 영향을 줄 수 있다는 위험성 때문에 현재 생성형 AI에는 사용자 나이에 제한이 있다.

챗GPT를 운영하는 OpenAI의 규정에 따르면 13세 미만 아동은 챗GPT 계정을 직접 만들거나 사용할 수 없고, 13~18세는 부모 또는 법적 보호자의 동의가 있으면 합법적으로 이용 가능하다. 그런데 유럽연합(EU)과 한국 등 일부 국가는 개인정보보호법 규정에 따라 만 16세 이상부터 보호자 동의 없이 사용할 수 있도록 하고 있다. 따라서 한국에서는 만 16세 이상은 단독 이용 가능, 만 13세 이상부터 만 16세 미만은 반드시 부모 동의가 필요하다. 그 외 뤼튼은 전체 연령에서 사용 가능하지만, 13세 미만은 보호자나 교사 지도를 권고하고 있고, 구글 제미나이는 미성년자 사용 불가이고, 18세 이상 구글 계정 인증 후 사용하도록 제한을 두고 있다.

AI 사용 표기 의무화

콘텐츠 · 플랫폼 기업에서도 사용 표기 의무화 정책이 도입되었거나 도입 중이다. 메타에서는 2024년 5월부터 AI 콘텐츠 라벨링 정책을 도입했다. AI로 생성되거나 조작된 비디오, 이미지, 오디오 콘텐츠에 대해 "Made with AI" 항목을 클릭하여 표기하도록 하고 있으며, 페이스북 · 인스타그램 · 쓰레드 모두 해당된다. 이는 해당 기업 자체 정책이었으나, 최근 생성형 AI로 딥페이크 기술이 발달하면서 생성형 AI로 만든 영상에는 생성형 AI로 제작했음을 표기하는 방안이 검토되고 있다. 팝스타 테일러 스위프트의 얼굴을 AI로 합성한 딥페이크 음란물이 무차별적으로 유포되는 등 사회 문제가 야기되고 있기 때문이다. 구글 · 어도비 · 틱톡 등 다른 콘텐츠 · 플랫폼 기업들도 자체적으로 AI 생성 이미지 · 영상에 워터마크나 이력 정보를 표시하는 기술을 도입하고 있다.

AI 사용 표기를 하게 되면 어떤 콘텐츠가 인간 창작물인지, 어떤 것이 AI 생성물인지 명확히 알 수 있다. 사용자가 콘텐츠를 판단할 때 도움이 되고, 결과물의 신뢰성을 비판적으로 평가하게 된다. AI가 학습한 데이터에는 기존 저작물이 포함되어 있을 수 있는데, AI 사용 여부를 표시하면 저작권 침해 가능성이나 책임 소재를 명확히

할 수 있다. 또 이용자 입장에서 AI 생성 콘텐츠를 보고 싶지 않거나, 인간 창작물만 소비하고 싶을 때 선택할 수 있는 기회가 생긴다. 플랫폼과 기업 입장에서는 AI 사용 여부를 숨기지 않음으로써, 윤리적 책임의 면모를 보여 주는 효과도 있다.

공모전, 음원 등록 시 AI 사용 제한

외국에서는 일찍부터 공모전, 소설 등에 AI 사용을 제한하고 있다. 미국 콜로라도 주 박람회에서 2022년 AI로 생성된 작품이 디지털 아트 부문에서 우승하는 사건이 발생한 후, 2023년부터 제출 시 AI 사용 여부를 반드시 공개하도록 규정이 변경되었고, 영국 워해머 팬 대회에서는 이전 대회에서 AI로 만든 배경을 사용해 논란이 된 이후, 2024년 8월부터 대회에서 AI 사용을 전면 금지하도록 명문화했다. 여러 문학 잡지에서도 2024년부터 "ChatGPT 등 AI 도구로 작성된 이야기는 접수하지 않으며, 제출 시 향후 수락이 거부될 수 있다"고 명확히 거부 의사를 표현했다. 우리나라 N 웹툰사에서도 2023년 5월부터 공모전에 생성형 AI 사용을 금하고 있고, K 웹툰사에서도 인간이 손으로 그린 것만 제출하도록 명시되어 있다. 한국저작권협회에서도 AI 사용률 0%만 음원 등록을 하도록 제한하고 있다.

이는 저작권 · 공정성 · 창작 진정성 · 산업 보호 등과 관련이 있다. 공모전은 참가자의 창의력 · 개성 · 실력을 평가하는 자리인데, AI가 만든 그림이나 대사를 그대로 제출하면, 참가자의 순수 창작 능력을 제대로 평가할 수 없게 된다. 또 생성형 AI가 만든 생성물은 기존 작품을 학습하여 원저작자의 스타일이나 요소가 무단으로 차용된 결과일 수 있어 저작권 침해 논란이 발생할 수 있고, AI 결과물이 많아지면 작품들이 비슷비슷해지고 독창성이 떨어져 시장 경쟁력이 약화된다. AI 생성물은 법적으로 "저작권이 누구에게 있는가"가 명확하지 않은데, 만약 공모전 수상작을 상업화할 경우, 법적 분쟁 위험이 커질 수 있어 주최 측은 예방적인 측면에서 사용을 제한한다.

대학 과제 사용 제한

국내 여러 대학의 생성형 AI를 사용한 과제에 대한 가이드라인에서 교수자가 세 가지 중에 한 가지 입장을 정해서 공지하도록 되어 있다. '생성형 AI 사용 가능'과 '생성형 AI 사용 시 사전 승인 혹은 출처 표기 후 사용 가능'과 '생성형 AI 사용 불가' 등의 3개 항목이다. 학생들이 숙제, 과제를 하는 이유는 스스로 사고하고 조사하기 위함

인데, 준비 과정에서 무비판적으로 AI의 답변을 복사·제출하면 학습 효과가 저하되고 교육 목표가 의미가 없어진다. AI가 만든 글에는 출처가 명확하지 않거나, 기존 자료를 변형·조합한 내용이 포함될 수 있는데, 이렇게 제출한 과제는 변별력이 없어서 정확한 학습 상태에 대한 평가와 지도를 할 수가 없다. 대학은 단순히 지식 습득만이 아니라 연구 윤리와 사회적 책임도 가르치는 곳이기에 무의식적인 표절은 학문적 윤리에 위배되므로 무분별한 AI 사용을 막기 위한 제한을 하고 있다.

AI 감별기

생성형 AI 사용 여부를 확인하는 방법은 크게 두 가지 방법이 있다. 첫째는 생성형 AI 사용 여부를 찾아주는 감별기가 있다. ZERO GPT, GPT 킬러, Isgen 등의 사이트가 있으나 최근에는 감별기에 걸리지 않게 글을 써 주는 프롬프트도 나오고, 사람이 쓴 글도 생성형 AI가 썼다고 나오는 경우가 있어서 정확하지는 않다.

둘째는 사람이 감별하는 방법이다. SNS에서 이미지나 영상을 보면 사람이 그린 것 같지 않은 이질감이 느껴질 때가 있다. 글도 그렇다. 평소에 사람이 쓴 글이나 책을 많이 읽어 본 사람들은 생성형 AI가 쓴 글을 읽을 때

이질감이 느껴진다. AI를 많이 사용해 본 사람은 알겠지만 AI가 자주 사용하는 단어가 있다. 이런 단어가 많이 나오면 AI가 쓴 것 같은 심증을 갖게 한다. "전 세계적으로, 대부분의 경우, 널리 쓰이는 방법, 예를 들어, 예시를 보면, 구체적으로 살펴보면, 정확히는, 물론 상황에 따라 다르지만, 주목할 만한, 추가적으로, 덧붙여서, 종합적으로, ~유의미하다, ~로 알려져 있다, ~일 수 있다" 등이다. 이 단어는 필자가 실제로 대학에서 학생의 과제, 직장인들의 업무용 글쓰기, 일반인이 SNS에 올린 글을 보고 주관적으로 선정한 단어로 객관적인 자료가 아님을 밝혀둔다.

참고문헌

국립한경대학교(2023). "생성형AI 윤리 가이드북".
https://cedu.hknu.ac.kr/cedu/information/resources.do

연세대학교(2024). "생성형 AI 활용 가이드라인".
https://yure.yonsei.ac.kr/admin/info/adminBookDetail.do?book_seq=65

중앙대학교(2024). "생성형 AI 가이드라인".
https://aiguide.cau.ac.kr/bm/bm-1.php

한상진(2021). 《신뢰할 수 있는 인공지능》. 클라우드나인.

08
생성형 AI와 글쓰기 윤리

생성형 AI 기술은 아직 미완성이다. 지금도 계속 발전하고 있고 앞으로 어디까지 어떻게 발전할지 아무도 모르는 상태다. 아직 산업 전반의 가이드라인이 없는 상황인데 업무용 글쓰기에서 생성형 AI 사용 시 정부와 연구자, 기업의 생성형 AI 활용 가이드라인과 사용 현황을 함께 살펴보면서, 전면 사용이 가능한 영역과 인용 표기 후 부분적으로 사용할 영역, 사용을 제한할 영역을 알아보자.

AI와 인재 채용?

행정안전부 「챗GPT 활용 방법 및 주의사항 안내서」

정부 부처별 사용 현황은 다양하다. 행정안전부에서는 2023년 중앙 행정기관 및 지자체 약 300개 기관에 대해 「챗GPT 활용 방법 및 주의사항 안내서」를 배포, 공공부문의 AI 활용을 촉진하면서도 안전하게 사용할 수 있도록 가이드 하고 있다. 기상청과 인사혁신처는 챗GPT를 적극적으로 도입하여 사용하고 있다. 기상청은 약 1000만 원 규모의 챗GPT 구독료를 사용하며 업무에 활용 중이고, 인사혁신처도 약 450만 원을 들여 챗GPT 등 생성형 AI 도구를 도입해 활용하고 있는 것으로 보도되었다. 한국방송통신전파진흥원(KCA)은 2024년부터 내부 직원들을 대상으로 「챗GPT 업무 활용 가이드북」을 제작하여 업무 효율 증진을 위해 이메일, 회의록, 보고서 작성 등에 생성형 AI를 사용할 수 있도록 안내하고 있다.

행정안전부 정부 가이드라인을 업무 특성에 따라 살펴보면, 비밀 · 민감 정보를 다루지 않는 업무에서는 적극적으로 사용할 것을 권장한다. 행정 서비스 개선을 위해 민원 안내문, FAQ 작성, 보고서 초안 작성 등 단순 · 반복적 문서 작성 업무, 교육 · 훈련 분야에서 공무원 연수원, 지자체 평생교육원에서 학습 자료 제작, 교육 콘텐츠 개발하는 용도, 대국민 소통을 위한 홈페이지 공지문, 보도 자료 초안, SNS 게시물 작성 보조, 연구 · 분석 지원으로 정책 아이디어 브레인스토밍, 해외 사례 조사 · 번역 등 참고 자료 활용, 회의록 요약, 내부 보고 초안 정리 등이 권장 항목이다.

단, 국가 안보, 개인정보, 기밀 정보와 관련된 업무에서는 사용을 제한한다. 개인정보 · 민감 정보 처리와 관련된 주민등록번호, 의료 · 복지 정보, 범죄 · 재판 관련 자료, 국가 기밀 및 보안과 관련 있는 국방, 외교, 수사 · 첩보 등 국가 안보와 직결되는 부처의 업무, 정책 결정 핵심 자료인 법률안, 정책 보고서 최종안, 예산 관련 자료, 민원 처리의 공식 답변 시 법적 책임이 따르는 답변은 AI 초안 작성이 불가하고 사람 검증을 필수로 제한하고 있다. 저작권 · 윤리 문제 가능성이 있는 창작물인 공공 기관 발행 간행물, 학술 논문, 홍보 콘텐츠 등에서도 AI 작성물의 무단 제출을 금지하고 있다.

국가정보원 「챗 GPT 등 생성형 AI 활용 보안 가이드라인」에서는 7가지 보안 원칙을 제시한다. 민감한 정보 입력 금지, 생성물에 대한 정확성 · 윤리성 · 적합성 등 검증, 가짜 뉴스 유포 · 불법물 제작 · 해킹 등 범죄에 악용 금지, 생성물 활용 시 지적 재산권 · 저작권 등 법률 침해 위반 여부 확인, 악의적 거짓 정보를 입력 · 학습 유도하는 등 비윤리적 활용 금지, 연계 · 확장 프로그램 사용 시 보안 취약 여부 등 안전성 확인, 로그인 계정에 대한 보안 설정 강화 및 다중 인증 설정 등 보안 관리 철저 등 7가지 항목이다. 국가정보원도 최근 각 부처에서 기밀일 수 있는 내부 정보가 아니라 외부에 공개된 정보를 바탕으로 서비스를 이용할 것을 당부하고 있다.

한국연구재단 「생성형 인공지능(AI) 도구의 책임 있는 사용을 위한 권고 사항」

한국연구재단에서 2023년 연구자 2822명에게 AI 사용에 대해 인식 수준 조사를 해 보니, AI를 연구에 활용 중인 연구자는 10%였지만 약 53%는 AI가 연구 윤리 준수에 이미 심각한 문제가 되고 있거나 될 것이라고 인식하고 있었다. 논문 작성 과정에서 생성형 AI를 활용하고 이에 대해 기술하지 않는 것을 연구 부정행위라고 인식하는 비율이 62%이고, 논문 심사나 과제 평가 시 생성형 AI를 활용하는 것이 비밀 유지 의무 위반이라고 인식하는 비율도 43%였다.

한국연구재단에서는 심사위원에게는 생성형 AI 사용

(업로드) 금지, 작성자에게는 사용 여부를 표기 후 사용하도록 안내하고 있다. 「생성형 인공지능(AI) 도구의 책임 있는 사용을 위한 권고 사항」을 살펴보면 "한국연구재단이 지원하는 연구 개발 과제의 평가에 참여하는 평가위원은 각종 평가 자료를 생성형 AI 도구에 입력(업로드)하지 말아야 합니다. 한국연구재단의 연구 개발 과제 평가 등에 관여한 평가위원 등이 생성형 AI에 연구 개발 과제 관련 정보를 업로드하는 행위는 국가연구개발혁신법 제40조 비밀 유지 의무에 위반될 수 있습니다. 한국연구재단 지원 과제의 신청 · 수행자는 연구 개발 계획서 및 단계 · 최종 보고서 작성 과정에서 생성형 AI 도구를 사용한 경우, 계획서 및 보고서에 사용 내역을 기술할 것을 권장합니다"라고 명시되어 있다. 즉 생성형 AI가 작성한 글은 학습 데이터의 편향성, 확률에 기반한 데이터를 생산하여 부정확, 원본 저작물 표절 가능성, 검증되지 않은 가짜 논문의 재인용, 비윤리적인 논문 확산과 비밀 유지 위무에 위배될 수 있기에 사용을 제한하거나 사용 시 사용 내역을 표기하도록 안내하는 것이다. AI 사용 내역에는 "창작 도구 종류, 사용 일시, 프롬프트, 사이트"를 명시하는데, 인용 표기 예시는 다음과 같다. 챗GPT-5(2025. 12. 1.) "프롬프트 내용" OPEN AI사의 챗

GPT-5를 이용하여 생성 또는 작성함. http://chat.openai.com/ 또는 미드저니(2025. 12. 1.) "프롬프트 내용" 미드저니사의 미드저니를 이용하여 생성 또는 작성함. https://www.midjourney.com 형식으로 작성하면 된다.

기업 사용 제한 및 사용 금지

2023년 5월 보도에 따르면, 삼성전자가 사업장 내에서 챗GPT 사용을 허가하자마자 민감한 사업 정보가 미국 기업의 학습 데이터로 입력된 것으로 전해지면서 외부 생성형 AI 서비스의 민감한 기업 정보 유출 가능성을 이유로 사용을 전면 금지하거나 허가를 받도록 제한하고 있다. 특히, 반도체(DS) 부문에서는 챗GPT 사용 시 허가를 받아야 하며, 디바이스 경험 부문에서는 이미 챗GPT 사용이 금지된 상태에서, 자체 개발한 생성형 AI 서비스인 가우스(Gauss)를 사용하고 있다. SK하이닉스는 챗GPT 사용이 필요한 경우 회사의 승인을 받아야 하고, 포스코는 사내 온라인망에서만 쓸 수 있도록 제한하고 있다.

생성형 AI 사용에 글쓰기 윤리 적용 방법

이상의 정부, 연구기관, 기업의 사례를 종합하여 우리의 업무에 적용할 방법을 찾아보려고 한다. 제일 좋은 것은 우리 기관 자체의 가이드라인을 제작하여 준수하는 것이지만, 가이드라인을 제작할 여력이 없다면 나 스스로라도 AI 사용 업무용 글쓰기 기준을 세워서 적용하자. 스스로라도 해야 하는 이유는 AI를 사용한 글쓰기 결과물의 책임자와 담당자가 '나'이기 때문에 스스로를 보호할 수 있는 시스템을 만드는 것이다.

생성형 AI 전면 사용

기본적으로는 생성형 AI를 업무 전반에 적극적으로 사용하자. 생성형 AI는 유용한 아이디어 도구가 될 수 있다. 아이디어가 필요할 때 인터넷 검색처럼 기초 정보 탐색을 위해 폭넓게 다양한 생성형 AI를 사용해 보자. 회의를 하기 전에 생성형 AI로 정보 검색 후 대안을 선택한다면 회의에 소요되는 시간을 대폭 줄일 수 있다. 글을 처음 시작하기 전 막막할 때 안내문이나 보도 자료, 보고서 작성, 자료 제작, 콘텐츠 개발, 자료 번역, 사례 조사 등 초안을 잡는 용도로 폭넓게 사용하자. 기존 자료와 단순 정보로 글과 이미지를 조합하여 설명할 때도, 내가 작성한 두서없는 글을 다듬을 때도 사용하자. 혼자만 사용하기보다는 유효한 프롬프트를 발굴하였다면 부서나 조직에 공유하고, 어떻게 사용하면 되는지 알려주면 조직 전체에 도움이 될 수 있고, 유효한 프롬프트를 검증받는 기회가 된다.

생성형 AI 사용 시 표기 후 사용 제안

출처가 분명해야 하는 사업 계획서나 기획서에는 사용 표기를 하자. 한국연구재단의 안내처럼 AI 사용 내역에는 "창작 도구 종류, 사용 일시, 프롬프트, 사이트"를 명시하고, AI로 제작한 콘텐츠를 플랫폼 사이트에 올릴 때도 AI 사용 여부를 표시하자. 글에 AI 사용 여부를 밝히면, 고객이나 상급자는 이 글이 100% 인간 작성인지, AI 보조를 받았는지 알 수 있어 신뢰가 높아진다. 글에서 오류가 발생했을 경우 "AI 보조를 활용했고 최종 검토는 내가 했다"는 설명을 통해 실수 시 방어를 할 수 있다. 또 "AI를 투명하게 사용한다"는 메시지는 대외 신뢰도를 높여주고, AI는 오류, 편향, 사실 왜곡을 할 수 있기에 사용 사실을 밝히는 것이 오히려 저작권, 개인정보, 허위 정보 관련 법적 분쟁을 예방할 수 있다. 연구 · 출판 · 교육 분야에서는 이미 AI 사용 공개가 권장되고 있는데, 이를 지키면 조직이 시대적 윤리 기준에 발맞추는 모습을 보여 줄 수 있다.

생성형 AI 사용 금지 업무와 보호 장치

작성자: 생성형 AI에 입력하는 자료나 질문에 개인 정보나 민감 정보가 포함되면 안 된다. 우리 조직의 예산, 결산, 사업 실적, 향후 사업 계획서 등은 기밀 정보다. 아무리 복잡하고 작성하기 힘든 자료라도 AI에 입력하면 안 된다. 외부에 공개해도 되는 자료인지 확인 후 생성형 AI에 입력해야 한다. 그리고 사과문 등 진심을 담아서 작성하는 글도 AI 사용을 지양하자. AI가 작성한 사과문은 허공에 사과하는 듯한 진정성이 느껴지지 않는 경우가 많다. 오히려 민원인의 화를 불러일으킬 수 있으니, 내가 진심을 담아서 작성해야 하는 글은 스스로 작성하고, 부족한 부분에 상사의 도움을 받는 것을 추천한다. 또 저작권이나 윤리 문제가 예상된다면 사용하지 말자.

평가자/심사자: 채용 서류를 심사하는 인사 위원이나 기관은 채용 서류를 생성형 AI에 업로드하여 심사하는 것을 금지해야 한다. 채용 예정자의 민감 정보가 불특정 다수에게 노출될 수 있기 때문이다. 또 사업 심사나 정부 지원 사업 등의 경우에도 심사 위원들은 생성형 AI에 자료를 업로드하는 것을 금지하는 규정도 필요하다. 자료 업로드를 통해 각 기업의 민감 정보가 노출될 수 있고, 지적 재산이 침해당할 수 있기 때문이다.

조직: 인트라넷이나 홈페이지 보안을 더욱 신경 써야 한다. 고객 개인정보나 기관의 기밀 정보, 직원의 민감 정보가 들어간 내용은 생성형 AI 업로드 금지로 업무 지침이나 규정에 분명히 명시되어야 하고, 업무용 컴퓨터와 개인정보가 기록된 문서는 모두 비밀 번호를 설정해야 한다. 그리고 사용 여부를 표기하도록 안내해야 직원이 AI를 활용해 시간을 절약하고 결과에 대한 책임을 지는 구조가 마련된다.

참고문헌

국가정보원(2023). "챗GPT 등 생성형 AI 활용 보안 가이드라인". https://www.ncsc.go.kr:4018/main/cop/bbs/selectBoardArticle.do?bbsId=InstructionGuide_main&nttId=54340&pageIndex=1#LINK

한국연구재단(2024). "생성형 인공지능(AI) 도구의 책임 있는 사용을 위한 권고사항". https://webzine.nrf.re.kr/magazine/2403/sub_1_01.php

한국연구재단 연구윤리지원센터(2023). "2023년 대학 교원 연구윤리 인식 수준 조사". https://cre.nrf.re.kr/bbs/BoardDetail.do?nttId=10285&bbsId=BBSMSTR_000000000173&pageIndex=1

한국저작권위원회(2023). “생성형 AI 저작권 안내서”.
https://www.copyright.or.kr/information-materials/publication/research-report/view.do?brdctsno=52591

한국지능정보사회연구원(2023). “생성형AI 윤리 가이드북”.
https://www.nia.or.kr/site/nia_kor/ex/bbs/View.do?cbIdx=39485&bcIdx=26195&parentSeq=26195

행정안전부(2023). “챗GPT 활용방법 및 주의사항 안내서”.
https://www.mois.go.kr/frt/bbs/type010/commonSelectBoardArticle.do?bbsId=BBSMSTR_000000000008&nttId=100278

09
직장인 글쓰기에 유용한 생성형 AI 도구 10종

매일매일 새로운 생성형 AI가 공개되면서, 다양한 생성형 AI를 무료로 사용할 수 있는 시대가 됐다. 지구상에 생물이 폭발적으로 나타났던 시기에 비유해 "인공지능의 캄브리아기"라고 부를 정도다. 생성형 AI마다 텍스트 생성, 이미지 생성, 영상 생성, 사운드 생성 등 다양한 특기가 있다. 생성형 AI를 잘 사용하는 사람은 1개만 사용하지 않고 여러 개를 동시에 활용한다. 생성형 AI 사용자 수가 가장 많은 AI 도구와 특화된 글쓰기 영역이 있는 AI 도구 10종을 살펴보자.

AI와 기자?

ChatGPT

챗GPT는 모든 연령대에서 압도적인 사용률을 보이며 부동의 1위를 차지하고 있다. 일반 대중에게 최초로 공개된 생성형 AI로 많은 주목을 받았다. 현재 2024년 10월까지 사전 학습되었고, 이미지를 인식하는 멀티 모달, 외부 사이트와 연계되는 API 기능과 함께 GPTs, 심층 리서치 기능이 포함되어 있다. 기존에 글자로만 프롬프트 입력이 가능했지만 현재는 실시간으로 대화로 음성 입력이 가능하고, 실시간 카메라 기능으로 챗GPT를 사용할 수 있다. 유료 사용자에게는 GPTs 제작 기능과 심층 리서치, 이미지 생성, 파일 업로드 등 고급 기능을 제공하며, 무료 사용자에게도 횟수 제한이 있지만 사용 가능하다.

GPTs는 코딩 없이 대화만으로 만드는 맞춤형 챗봇으로 사용 용도에 따라 전용 챗봇을 만들어 사용할 수 있다. GPTs는 가장 쉽게 접근할 수 있는 AI 에이전트다. GPTs 챗봇의 강점은 만들기 쉽다는 것이다. 적절한 프롬프트를 넣고, 외부 API를 연결하거나 PDF 파일을 연동시키면 나만의 챗봇을 만들 수 있다. 핸드폰으로 비유하자면 일종의 앱이다. GPTs 제작은 유료 사용자만 가능하나 무료 사용자도 다른 사람이 만든 것을 이용할 수 있다. 심층 리서치는 2025년 2월부터 공개된 기능으로 챗GPT가 수백 분 동안 인터넷 상의 수백 개 자료를 여러 단계로 분석하여 연구 분석 보고서 수준의 답변을 해준다.

Gemini

제미나이는 구글에서 개발한 AI로, '바드'라는 이름으로 부르다가 2024년 2월 제미나이로 업그레이드하면서 이름을 변경하였다. 제미나이는 한국어를 기본으로 지원하며, 답변 속도가 빠른 것이 특징이고, 여러 구글 사이트와 연동하여 정보를 빠르게 반영한다. 구글 검색, 구글 문서, 구글 시트, 구글 드라이브, 구글 지도, 유튜브까지 모두 연동되고, 무료 사용자도 이미지와 글쓰기를 무제한으로 사용할 수 있다. 2025년 2월 나노 바나나, 공식 명칭 Gemini 2.5 Flash Image를 통해 포토샵을 할 줄 몰라도 AI 이미지 편집 기능을 사용할 수 있는 기능을 통합 발표하였다. 2025년 5월 웹 개발 평가기관 웹데브 아레나에서 시행한 시각적 완성도와 기능성 평가에서 1499.95점을 받아 전체 1위를 차지하면서 가장 성능이 뛰어난 AI로 알려지면서 최근 앱 다운로드가 증가하고 있다.

Perplexity

퍼플렉시티는 2022년 설립된 Perplexity AI, Inc.라는 민간 기업이 개발한 생성형 AI 기반의 대화형 검색 엔진이다. 답변과 함께 출처를 기본 제공하여, 웹 기반 자료를 검색하면서 답변을 제공하여 답변 제공에 걸리는 시간이 적어서 신뢰할 수 있는 정보 기반 업무 · 학습 보조 도구로 적합하다는 평을 받고 있다. 정보 검색과 요약 기능에 특화된 AI 챗봇으로, 할루시네이션 오류가 적은 AI로 알려지며 특히 대학생과 직장인, 연구자 중심으로 사용자 수가 꾸준히 증가하고 있다. 조사 결과에 이어지는 후속 질문을 자동으로 제시해 주는데, 후속 질문의 수준이 높아서 추가 정보를 이해하는 데 도움이 된다.

Claude

클로드는 미국 인공지능 연구 기업 앤트로픽이 개발한 생성형 언어 모델로, 현재 클로드3 시리즈가 출시되었다. 클로드는 AI가 인간에게 해를 끼치지 않도록 하기 위해, 자체적으로 설정한 윤리 원칙을 기반으로 훈련되어 복잡한 작업에 대해 인간 수준의 이해력과 유창함을 보이며, 일반 지능 영역의 최전선을 이끄는 AI로 평가받고 있다. 클로드는 사용자 데이터를 학습에 사용하지 않으며, 외부 전문가와 협력하여 안전 메커니즘을 지속적으로 개선하고 있다. 챗GPT보다 텍스트 이해력이 좋고, 빠른 응답 속도와 정확성이 강점으로 꼽히며 사람이 자연스럽게 쓴 문장처럼 느껴져서 블로그용으로 좋다는 평가가 있지만, 실시간 검색 기능이 제공되지 않고 있다. 클로드는 노련한 문장가라는 별명을 가지고 있는데 사람이 쓴 듯한 감성적인 표현과 긴 문장 처리에 탁월해서 블로그를 운영하는 홍보 담당자들이 특히 애용한다.

Copilot

코파일럿은 마이크로소프트의 검색 엔진이었던 빙에 챗GPT를 탑재하고, 마이크로소프트의 검색 엔진을 통해 다양한 정보를 탐색할 수 있도록 만든 AI다. MS 워드, PPT 등 다양한 오피스 프로그램에 AI 기능을 집어넣어서 자연어로 질문을 입력하면 문서와 연동하여 문서 작성과 편집을 해 주는 기능을 조금씩 추가하고 있다. MS 팀즈를 사용해서 화상회의를 하면 회의 종료와 함께 회의록 정리를 자동으로 해 준다. 워드, 엑셀, 파워포인트, 아웃룩, 팀즈 등을 비롯한 모든 마이크로소프트 오피스 프로그램에 코파일럿 기능이 탑재되면 정보를 알려주는 것은 물론 각종 문서 작성까지 해 주는 생성형 AI로서 특히 직장인들의 업무용 글쓰기에 도움이 될 것으로 기대된다. 코파일럿에도 에이전트 기능이 있어서 챗GPT의 GPTs처럼 사용할 수 있다.

Canva AI

캔바는 2012년 만들어진 웹 기반 그래픽 디자인 플랫폼으로, 코딩이나 전문 디자인 툴 없이도 누구나 쉽게 포스터, 프레젠테이션, 인포그래픽, 소셜미디어 이미지 등을 만들 수 있는 서비스였다. 캔바에 최근 생성형 AI를 통합하면서 텍스트 설명을 입력하면 AI가 이미지를 자동 생성한다. 프레젠테이션, 보고서, 블로그 글 초안 작성 지원, 이미지 배경 자동 제거, 디자인 배치, 색상, 글꼴 자동 추천 등의 기능이 추가되면서 직장인들이 정보를 시각화하는 자료를 만들 때나, PPT 자동 제작, 인포그래픽 자동 생성 등 업무에 활용하고 있다. 보고서, 발표자료, SNS 콘텐츠 등 AI에게 초안 작성을 시킬 수 있고, 팀 단위 작업과 실시간 편집이 동시에 가능한 점도 장점이다.

Notion AI

노션은 2013년 만들어진 메모, 문서 작성, 회의록, 프로젝트 관리용으로 사용되던 올인원 워크스페이스 플랫폼이다. 페이퍼리스로 종이 문서 대신 도입하는 곳들이 많았는데, 노션 AI는 기존 노션에 생성형 AI 기능을 추가하여 직장인들의 업무 효율을 높이는 데 활용되고 있다. 노션 AI는 회의록, 보고서, 블로그 글 초안, 이메일 작성 등 문서 작성을 지원하고, 긴 문서를 간단히 요약, 핵심 내용 추출하는 요약 기능, 브레인스토밍, 콘텐츠 아이디어, 프로젝트 계획 등 아이디어 생성, 다국어 지원, 노션 내 프로젝트, 데이터베이스, 캘린더와 연동하여 사용할 수 있다. 블록 기반으로 편집이 쉬운데, 자유도가 높다 보니 처음 사용하는 사람에게는 오히려 어렵다고 느낄 수 있다. 글쓰기 기능이 뛰어나기보다는 기존에 팀이나 조직 단위 업무 공유 측면에서 사용이 편리하다는 평이 많다.

WRTN

2021년 한국의 뤼튼테크놀로지스에서 개발한 뤼튼은 2025년 6월 기준 한국인이 가장 많이 사용한 AI 3위로 245만 명이 사용 중이다. 뤼튼은 챗GPT, Claude, Claude instant, PaLM2 등 다양한 생성형 AI를 선택하여 사용할 수 있고 카카오, 네이버 등 한국 계정으로 로그인 할 수 있다는 점이 장점이다. 사용자들이 직접 만든 툴과 챗봇, 프롬프트 허브에서 다양한 프롬프트를 참고해서 사용할 수 있다. 뤼튼은 최근 유명 연예인을 홍보 모델로 활용하면서 인지도가 높아졌는데 한국어에 특화되어 교사들의 생활기록부 작성, 대학생들의 대학 과제 작성에 많이 사용되고 있다.

Daglo

다글로는 음성 녹음을 텍스트로 변환하고 요약해 주는 AI 플랫폼으로, 주로 직장인들의 회의록 작성과 대학생들의 강의 내용 기록에 사용되고 있다. 오디오 및 비디오 파일을 텍스트로 변환하는 핵심 기능으로, 녹음이 끝난 파일을 업로드하거나, 앱을 통해 실시간 녹음하는 것도 가능하다. 여러 사람이 대화한 내용을 화자별로 구분하여 텍스트로 정리해 주고, 한국어뿐만 아니라 16개 이상의 다양한 언어를 지원한다. 녹음 기능 사용 시 비즈니스 예의상 참여자들에게 녹음 사실을 공지 후 사용해야 하고, 요약 시 핵심 내용이 빠지는 등 발췌는 아직 부족한 부분이 있다. 주변 소음이 크거나 화자의 발음이 부정확한 경우 오탈자가 발생하여 제출 전 확인이 필요하다. 받아쓰기 하루 3회, 한 달에 10시간이 무료로 지원되며 키워드 추출과 AI 요약이 수동으로 지원된다.

Grok

일론 머스크의 xAI가 개발한 AI 챗봇 그록은 기존의 정중하고 중립적인 챗봇과 달리 차별화되게 논쟁적이고 풍자적인 답변을 내놓는 특징이 있다. X와의 연동을 통해 실시간으로 업데이트되는 정보를 활용하여 최신 이슈나 트렌드에 대한 질문에 강점을 보이고, 다른 AI 모델들에 비해 콘텐츠 검열이 덜한 편으로, 폭넓은 주제에 대해 자유로운 답변을 생성해서 논란의 소지가 되기도 한다. 텍스트 외에 이미지, 오디오까지 처리할 수 있으며, 카메라를 통해 보여주는 장면을 즉시 이해하고 반응하는 보이스 모드도 지원한다. 무료 버전에서도 질문 할당량 제한이 없어 자유롭게 사용할 수 있다. 그러나 낮은 신뢰성과 안전성 문제는 해결해야 할 과제다. '덜 검열된' AI라는 특성 때문에 검증되지 않은 정보나 가짜 뉴스가 포함될 수 있다는 우려가 있고, 한국어 등 비영어권 언어에 대한 이해와 구사 능력이 아직은 부족하다는 평가가 있다. 답변이 어색하거나 다른 언어가 섞이는 경우도 있다.

참고문헌

김덕진·서승완(2024). 《챗봇 2025 트렌드&활용백과》. 스마트북스.

박태웅(2024). 《박태웅의 AI강의 2025》. 한빛비즈.
이호정(2025). 《챗GPT 퍼플렉시티 클로드 코파일럿 제미나이 다 잘함》. 리코멘트.
정태일(2025). 《챗GPT 글쓰기》. 천그루숲.

10
AI 시대, 직장인은 왜 여전히 글을 써야 하는가?

AI가 업무용 글쓰기를 대신해 주는 시대, 그럼에도 불구하고 여전이 인간이 써야 하는 글쓰기는 무엇일까? AI 시대에 필요한 인재는 어떤 사람이고 어떻게 글쓰기를 해야 할까?

AI와 미래 의사?

생성형 AI 시대, 어떻게 글쓰기를 해야 할까?

생성형 AI 사용 글쓰기는 필수

한 번 생성형 AI를 쓰기 시작한 이상, 쓰기 전의 삶으로 돌아가기는 힘들다. 전 세계에서 사용자 1억 명을 달성하는 데 걸린 시간은 구글이 8년, 유튜브가 2년 1개월이었는데 챗GPT는 2개월 밖에 걸리지 않았다. 챗GPT가 일반 대중에게 공개된 지 몇 달 만에 수백수천 개의 생성형 AI를 기반으로 한 프로그램과 플랫폼이 생겨났다. 생성형 AI 시장 규모는 2022년에 13조 원이었는데 2030년까지 약 142조 원으로 늘어날 것으로 예상된다. 직장인 중에 스마트폰이 없는 사람은 없고, 수기로 계획서를 작성하는 사람도 없다. 이미 생성형 AI를 사용하는 것은 스마트폰을 사용하는 것처럼 기본이 된 것이다. 생성형 AI를 사용하면 분명히 업무 생성형 효과가 있다. 특히 복잡한 자료를 정리하고 회의록을 요약하고 단순 반복 업무를 처리하는 데에는 소요 시간 대비 결과물이 좋았다. 하지만 자신의 직장과 상사에게 맞춤으로 작성해야 하는 글이나 새로운 사회 트렌드를 반영한 글, 협업, 협상, 설득, 공감, 사람과 사람을 연결하는 일 등은 생성형 AI가 할 수 없는 일이다. 내 경험으로 생성형 AI는 3년 차 미만 신입 직원보다 기초 업무용 글쓰기를 잘한다. 하지만 3년 차 이상 경력 직원과 비교했을 때 아직까지는 사람이 더 나은 글을 쓴다. 생성형 AI가 사람을 완벽히 대체하지는 못하지만, 생성형 AI를 쓰는 사람이 안 쓰는 사람을 대체할 수는 있기에 우리는 AI 시대에 맞는 역량을 준비해야 한다.

사고력과 실행력이 차별화 전략

생성형 AI 시대 필요한 인재는 누구일까? 바로 '사고력'과 '실행력'이 뛰어난 사람이다. AI에 좋은 질문을 입력해야 좋은 대답을 얻을 수 있기 때문에 좋은 '질문'의 시작이 되는 '사고력'이 필수다. 생성형 AI는 사람이 하는 단어의 맥락을 이해하는 프로그램이므로 질문을 잘하는 사람이 더 좋은 아이디어를 도출해 내고, 더 좋은 성과, 더 좋은 결과물을 생성할 수 있다.

내 생각을 정리하여 좋은 질문을 적을 수 있는 글쓰기 능력과 생성형 AI가 쓴 글을 업무 성격에 맞게 편집하고 수정하는 글쓰기 능력도 필요하다. 또 AI의 답변을 비판적으로 분석하며 검토하는 자세를 가져야 한다. 출처와 근거를 찾아 정확한 기록을 남겨야 한다. 인터넷의 잘못된 편향성과 가짜 정보와 환각 현상에서 나온 AI의 답변

일지라도 진짜와 가짜를 구분할 줄 아는 분석력이 있으면 막아낼 수 있다. 앞으로 사고력과 분석력이 우수한 사람이 더욱 선호될 것이고, 나아가서는 '창의력'이 중요해질 것이다. 생성형 AI가 할 수 없는, 인간만 할 수 있는 일을 찾아 발전시켜야 하기 때문이다. AI는 훌륭한 도구이지만 도구에 정신이 지배당하지 않고, 정신이 도구를 지배해야 한다.

또 중요한 것은 '실행력'이다. AI가 사회자 카드를 적어 줘도 사회를 보는 것은 사람이다. AI가 PPT를 만들어 줘도 프레젠테이션을 하는 건 사람이다. AI가 사업계획서를 써 줘도 사람을 찾아서 연결하고 만나고 사업을 성사시키는 것은 사람이다. AI는 문제 해결 방법을 알려주지만, 문제 해결을 하는 것은 사람이다. 똑같은 사업 계획서인데 한 직원은 실행력이 부족해서 계획 대비 70%만 달성했고, 다른 직원은 120% 달성했다면 누가 봐도 업무 성과 차이가 여실히 드러날 것이다. AI가 업무용 글쓰기 수준을 상향평준화시키기 때문에 결국 결과로 나타나는 실행력 성과로 나의 업무 능력에 차별화가 생길 것이다. 앞으로 좋은 프롬프트를 입력하고 결괏값을 분석하는 사고력과 성과를 내는 실행력이 중요한 시대가 되었다.

업무 특화 프롬프트 엔지니어링, AI 에이전트 역량 강화

그동안 생성형 AI를 주제로 한 책을 수십 권 읽었고, IT 전문가의 강의도 수차례 들었고, 생성형 AI 강사 자격증도 취득해 보았지만 내 업무에 특화된, 우리 부서와 조직에 딱 맞는 프롬프트는 만나지 못했다. 앞으로 많은 직장인들이 생성형 AI를 제대로 사용하기 위해 끊임없는 프롬프트 입력 연습과 응용 방법을 찾아 공유하면 더 많은 직장인들이 업무에 생성형 AI를 더 편리하고 효과적으로 사용할 수 있지 않을까 행복한 상상을 해 본다. 그리고 우리 부서와 조직에 특화된 프롬프트를 만들어서 동료와 후배들에게 나눈다면 업무 효율은 올라가고 성과를 내는 인재가 될 수 있을 것이다. 공유 시 어떤 맥락에서 왜 이 프롬프트를 만들게 되었는지 설명하자. 같은 프롬프트를 넣어도 사용 결과가 다 다르므로 사용 결과도 공유한다. 또한 이제는 단순히 질문에 대해 검색해서 대답해 주는 수준에서 글쓰기를 대신하는 수준으로 발전한 것처럼, 앞으로는 프롬프트 엔지니어링을 넘어 AI 에이전트에 대한 이해도 필요하다. AI 에이전트는 인간의 개입 없이 스스로 일하는 AI 업무 파트너를 말한다. 예를 들어 내가 매일 주식을 매매해야 하는데 주식 트레이딩 AI 에이전시를 통해 "○○에 따라 ○○ 주식을 매매해"

라고 프롬프트를 입력해 놓으면 자동으로 주식을 매매하도록 하는 것이다. “남여 직원 20명이 갈 제주도 3박 4일 직원 연수를 액티브한 활동을 넣어서 계획해 줘”라는 지시에 따라 나온 일정이 마음에 든다면 예매부터 결제까지 한 번에 실행할 수 있다. 이렇게 업무 자동화가 되면 반복적인 업무의 획기적 감소가 일어날 것을 기대한다. 시장 조사업체 가트너는 2028년까지 전체 기업용 애플리케이션의 3분의 1 이상이 생성형 AI 또는 에이전트 AI로 구동될 것으로 예측하고 있다. 이렇게 업무가 변화되면 우리의 역할도 바뀔 것이다.

인간이 여전히 글을 써야 하는 이유

원본을 만들어 내는 글쓰기는 인간의 몫

앞으로 생성형 AI로 모든 글쓰기를 할 수 있지 않을까? AI가 스스로 자기 학습으로 점점 더 발전해서 잘 쓰게 되는 날이 오지 않을까? 그건 어려울 것 같다. 일본 이화학연구소 하타야 류이치 연구팀이 “사람이 그린 그림이 아니라, 인공지능이 그린 그림으로 학습시키면 어떻게 될까?”라는 의문을 가지고 실험을 진행했다. 인간이 그린 그림 원본 100% 넣었을 때, 인간이 그린 그림 원본 80%

에 인공지능이 그린 그림을 20% 넣었을 때, 인간이 그린 그림 원본 60%에 인공지능이 그린 그림을 40% 넣었을 때, 인간이 그린 그림 원본 20%에 인공지능이 그린 그림을 80% 넣었을 때, 이처럼 네 가지 경우로 새로운 그림 생성률을 살펴보았는데, 결과는 인공지능이 그린 그림 비율이 늘어갈수록 창의력이 75.6%에서 65.3%까지 점점 낮아졌다. 결국 AI는 자기 복제로 인한 한계가 있다는 것이다. 이렇게 AI의 사용률이 높아지면서 오히려 데이터 붕괴 현상이 일어나고 있는데 우려는 현실이 되고 있다. 인공지능이 생성한 저품질 콘텐츠가 2019년 2월에는 2%였는데 2024년 6월에는 14%로 폭발적으로 늘면서 AI가 써 주는 글의 수준이 떨어질 수 있다.

AI가 아무리 발전해도 AI는 원본이 아니라 복제품이다. 인터넷에 쓴 인간의 글을 광범위하게 표절하여 알려주는 복제품이 AI 글쓰기이고, 아무리 서툴러도 인간인 내가 작성한 글이 원본이다. AI가 그림을 그리는 시대에 인간이 손으로 직접 그린 그림과 옛 명화는 더욱 가치가 높아질 것이다. AI가 글을 쓰는 시대에 인터넷에 없는 생생한 나만의 개인적인 경험이 담긴 신선한 글과 유명 작가의 미발표 원고는 귀해질 것이다. AI가 노래를 만드는 시대에 나와 내 아이가 한 단어 한 단어 신중히 골라서 직접 만들어 부른 노래가 더 의미 있을 것이다. AI가 책을 쓰는 시대에 나의 아픔과 상처를 객관적으로 돌아보며 치유하는 글쓰기는 무엇으로도 대체할 수 없는 의미 있는 작업이 될 것이다. 나만의 독창성과 고유성이 앞으로 더욱 귀중해질 것이고, 우리는 양질의 원본 글을 만들어 내는 인간이 되어야 한다.

과정이 필요한 글쓰기는 인간의 몫

인간은 계산력이나 정보력으로 AI를 이길 수가 없다. 하지만 우리는 의미를 해석해 내는 능력, 세상에 없는 조합을 통해 새로운 것을 창조해 낼 수 있다. 그 모든 것의 기반은 바로 '생각'이다. 인간과 AI의 가장 큰 차이는 '생각'이다. AI는 생각하지 않는다. 거대 언어 모델을 통해 학습한 언어의 형태를 기억해서 따라하는 앵무새다. 사회적 의미, 맥락적 의미. 윤리적 판단은 우리의 몫인데 이를 위해 우리는 생각해야 한다. 과정이 필요한 글쓰기는 무엇일까? 단순히 정보를 수집하고 재조명하는 것은 AI를 시켜도 되지만 그 속에서 새로운 의미를 발견하고 신사업 아이디어를 창조해 내기 위한 생각의 도구로 글쓰기를 활용하는 것이다. 생각은 물 흐르듯 흐르기 때문에, 생각을 눈덩이처럼 발전시키기 위해 손으로 글을 끄적이는 것이다.

스티브 잡스는 2007년 스마트폰을 전 세계 사람들 손에 하나씩 쥐여 줬다. 사람들이 스마트폰과 유튜브에 빠져있을 때 스티브 잡스는 역설적이게도 인문학을 주장했다. 인문학은 '인간'에 대한 모든 것을 다루는 광범한 영역이다. 인문학의 큰 주제 3가지가 있다. "나는 누구인가? 어떻게 살 것인가? 어떻게 죽을 것인가?" 세상의 모든 책과 교육과 유튜브와 콘텐츠와 설교와 강의는 결국 이 3가지 주제에 해당한다. 인간 세상의 모든 것이 인문학을 기반으로 한다. 그런데 인문학은 학원이 없다. 과외가 없다. 왜 그럴까? 인문학은 내가 글을 읽고 스스로 깨우쳐 가는 과정이기에 학원이나 과외로 알려줄 수가 없는 것이다. 내 머리로 글을 읽고, 내 머리로 생각하고 깨우쳐 가는 과정 자체가 인문학이다. 앞으로도 자기 성찰, 사회적 의미가 담긴 글, 치유와 회복을 위한 글 등 과정이 필요한 글쓰기는 AI가 대체할 수 없다.

전문가가 되기 위한 글쓰기는 인간의 몫

생성형 AI는 우리의 업무를 도와주는 최고의 제너럴리스트라고 볼 수 있다. 하지만 스페셜리스트는 될 수 없다. 지금도 단순 반복적인 업무를 하는 신입 직원이나 일반 사무원의 업무용 글쓰기를 잘해 주지만 교육, 의료, 법률, 상업, 문화 산업 글쓰기는 대체율이 낮다는 것이 전문가들의 견해다. 전문가가 자신의 진짜 실력을 보이는 것은 말이 아니라 글이다. 전문가의 학습과 성장을 위해 전문가는 글을 쓴다. 어느 유명인이 글을 썼는데 인터넷에 본 듯한 글만 짜깁기해서 사람들은 그를 전문가로 인정하지 않는다. 글을 읽으며 새로운 인사이트를 주거나 새로운 깨달음이 없다면 그 사람의 진짜 실력을 의심하게 된다. 글쓰기를 통해 전문가는 더욱 전문가가 된다. 전문가가 된다는 것은 단순히 정보를 나열하는 것이 아니라 자신의 언어로 해석하고 자신만의 언어로 재가공할 수 있는 능력을 갖추는 것이다. 우리는 지적인 기계와의 협력을 통해 전문가의 길을 가야 한다. 전문가는 남이 쓴 글로 만들어지지 않는다.

칼 세이건(Carl Sagan)이 1978년에 쓴 『에덴의 용』이라는 책의 한 문장으로 이 책을 마무리한다. "인간 지능의 역사에서 다음에 다가올 주요 구조적 발달은 지적인 인간과 지적인 기계 사이의 협력이 될 것이다."

참고문헌

김덕진·김아람(2025). 《AI에이전트 트렌드&활용백과》.

스마트북스.
마크 그레이엄 외(2025). 《AI는 인간을 먹고 자란다》. 김두완 옮김. 흐름출판.
박태웅(2023). 《박태웅의 AI 강의》. 한빛비즈.
아라이 노리코(2018). 《대학에 가는 AI vs 교과서를 못 읽는 아이들》. 김정환 옮김. 해냄.
칼 세이건(2014). 《에덴의 용》. 임지원 옮김. 사이언스북스.
Sun, D.(2025.2.27). Capitalize on the AI Agent Opportunity: How to Implement AI Agents to Transform Business Models. Gartner. https://www.gartner.com/en/articles/ai-agents

전안나

총무팀 신입 직원부터 부장까지 19년간 직장 생활을 했다. 1년에 700개 이상 업무용 글쓰기를 해 본 경험을 바탕으로 책 읽기, 글쓰기 저서를 12권 집필했으며, KBS 아침마당, EBS 다큐프라임 등 방송 출연 경험이 다수 있다. 현재 대학에서 예비 직장인을 양성하고 있으며, 산업 현장에서는 직장인들의 업무용 글쓰기와 책 쓰기를 돕는 일을 한다.